독자의 1초를 아껴주는 정성!

세상이 아무리 바쁘게 돌아가더라도
책까지 아무렇게나 빨리 만들 수는 없습니다.
인스턴트 식품 같은 책보다는
오래 익힌 술이나 장맛이 밴 책을 만들고 싶습니다.

땀 흘리며 일하는 당신을 위해
한 권 한 권 마음을 다해 만들겠습니다.
마지막 페이지에서 만날 새로운 당신을 위해
더 나은 길을 준비하겠습니다.

독자의 1초를 아껴주는
정성을 만나보십시오.

미리 책을 읽고 따라 해 본 2만 베타테스터 여러분과
무따기 체험단, 길벗스쿨 엄마 기획단,
시나공 평가단, 토익 배틀, 대학생 기자단까지!
믿을 수 있는 책을 함께 만들어주신 독자 여러분께 감사드립니다.

(주)도서출판 길벗 www.gilbut.co.kr
길벗스쿨 school.gilbut.co.kr

3X
독서법

책의 핵심만 쏙쏙 흡수해 바로 써먹는

3X
독서법

쓰노다 가즈마사 지음 · 신은주 옮김

길벗

독서법을 배우면
새로운 세계의 문이 열린다

성공한 사람들은 책 읽는 방법을 알고 있다

나는 학창 시절에 전혀 책을 읽지 않았다. 국어 성적은 하위권에서 찾는 것이 빠를 정도로 못했기 때문에 졸업한 후 책을 읽으려고 하면 학교에서 억지로 국어 공부를 한 기억에 진절머리가 나곤 했다. 게다가 인터넷이 널리 보급되어 모르는 것이 있으면 바로 검색할 수 있는 환경이 되면서 내가 책을 읽는 일은 평생 없을 것이라고 생각했다. 그랬던 내가 지금은 속독 분야에서 최고가 되었다.

속독을 배운 것은 심약한 성격의 소유자인 내가 아파트

를 구입한 것이 계기였다. 수중에 갖고 있던 돈은 17만 엔(약 190만 원 정도)밖에 안 됐고, 주택담보대출로 아파트를 샀기 때문에 불안감이 엄습했다. 그래서 돈에 대한 공부를 시작했다.

돈 공부를 시작하면서 과제로 500페이지가 넘는 책을 읽어야 했다. 나는 책을 읽는 것에 거부감이 있었지만 어쩔 수 없이 바쁘게 일하는 중에도 짬을 내서 얼른 책을 읽어야 했고, 제대로 기억할 수 있는 방법을 찾기 위해 고심했다. 그러다가 속독을 만났다.

속독에는 여러 가지 이점이 있다. 나는 이전에는 책을 빨리 읽는 것은 고사하고, 책을 읽으려고도 하지 않았다. 그런데 속독을 배운 후 스트레스 없이 책을 읽을 수 있었다. 그리고 책 한 권을 끝까지 읽게 되었다. 이렇게 속독은 내가 독서 습관을 바꾸는 데 도움을 주었다. 나는 더 이상 책을 읽을 때 학창 시절에 억지로 국어 공부를 하던 기억을 떠올리지 않게 되었다.

돈을 버는 공부의 일환으로 성공한 투자자와 사업가, 수천만 엔의 연봉을 받는 사람들을 만나게 되었는데, 그들에게는 공통점이 있었다. 바로 많은 책을 읽는다는 것이었다. 그리고 다양한 분야에서 성공한 사람들 역시 '속독'으로 책을 읽고 있었다. 그들의 독서는 학창 시절 국어 공부를 할 때 책을 읽는 방법과는 달랐다. 예를 들어, 국어 시험에서는 '가장 적절한 대답을 고르시오'라고 질문하지만 속독법에서는 '자신의 상황에 가장 적절한 대답을 고르시오'라고 질문한다. 즉 속독법은 자신에게 가장 잘 맞는 대답을 발견하기 위한 읽기 방법이다.

속독 기술은 누구라도 익힐 수 있다!

속독은 어려운 것이 아니다. 특히 내가 생각하는 속독은 새로운 기술을 배우는 것이 아니다. 말을 말로 인지할 수 있는 능력만 있으면 누구나 쉽게 따라 할 수 있다.

이 책에서는 학창 시절에 배웠던 책 읽는 방법이 왜 사회에서 통용되지 않는지 알려준다. 또 사회에서 잘 활용할 수 있는 책 읽는 방법을 소개한다. 모두 속독을 한 후에 발견할 수 있는 것들이다.

천천히 꼼꼼하게 읽는다고 해도 책의 내용을 전부 기억할 수는 없다. 더불어 저자의 지혜를 자신의 기술로 바꾸는 것은 어려운 일이다. 반면에 빨리 읽으면 정보를 빠르게 습득하고 깨달아 아이디어를 떠올릴 수 있으므로 자신이 성장하는 계기로 만들 수 있다.

나는 경영자를 위한 독서 연수 교실도 운영하고 있는데, 참가자는 학생이 아니라 직장인들이다. 그들은 '책'을 효율적으로 읽고, '환경'을 바꾸고, '경험'을 넓혀서 자신을 성장시키는 수단을 찾기 위해 독서 연수 교실을 찾고 있다.

나 자신도 많은 책을 읽으면서 돈에 관한 기술은 물론 직장인으로서 일의 기술도 향상시켰고 승진도 했다. 그리고 헤드헌팅을 받을 정도가 되었다. 돈에 대한 불안감도 해소되었으며 독립해서 창업도 했다. 지금 이렇게 속독을 가르치는 일을 하는 것도 책을 잘 활용했기 때문이다.

본문에서 자세히 다루겠지만, 속독의 기준은 책을 지금보다 빨리 읽는 것이다. 구체적으로 말하자면 3배속으로 읽는 것을 목표로 한다. 책을 빨리 읽으면 독서에 대한 부담이 줄고, 자연스레 독서량도 늘어난다. 따라서 독서량도 3배,

지식도 3배, 시간을 여유롭게 활용할 수 있어 업무 효율도 3배가 된다. 단지 책을 3배 빨리 읽었을 뿐인데, 모든 게 3배 혹은 그 이상의 효과를 얻는 셈이다.

가진 것도 없고, 잘하는 것도 없었던 평범한 내가 책을 100% 활용해서 인생을 바꿀 수 있었다. 지금 이 책을 읽고 있는 당신도 충분히 할 수 있다.

6장에서는 내가 가르치는 독서법을 공부했던 사람들이 어떻게 성공했는지를 소개하고 있다. 1장에서는 빨리 읽고 기억할 수 있는 본질을 알려주고, 2장에서는 직장인을 위한 독서법을 공개한다. 3장에서는 한 권의 책을 빠른 속도로 읽는 노하우를 소개한다.

이 책은 처음부터 순차적으로 읽지 않아도 된다. 특히 속독을 접해본 적이 없는 사람은 3장부터 읽고 독서법이 무엇인지를 파악한다. 그러고 난 뒤 4장에서는 속독을 잘 활용해서 정보수집 능력을 키우는 방법을 익히고, 5장에서 책의 가치를 최대화해서 나만의 기술로 바꾸는 법을 배운다. 이런 식으로 평생 활용할 독서법을 익히길 바란다. 책을 다 읽은 후 실천하면서 궁금한 것이 생긴다면 1장과 2장으로 돌아가서 이 책을 다시 읽기를 바란다.

이 책을 다 읽고 빨리 읽는 독서법을 실천한다면 인생은 더 풍요로워질 것이다. 이제부터 책이 갖고 있는 힘을 끌어 내는 기술을 익혀 아직 가보지 않은 독서 세계의 문을 열어 보자.

>>>>>>>>>

제1장

천천히 읽어도
내용을 다
기억할 수 없다면
차라리
빨리 읽는 편이
낫다

빨리 여러 번 읽는 것이 기억에 유리하다

속독을 가르치다 보면 "책을 빨리 읽어도 내용을 잘 기억할 수 있을까요?"라는 질문을 자주 받는다. 그러면 나는 이렇게 물어본다.

책을 천천히 읽으면 책의 내용이 잘 기억되나요?

이 질문에 어떻게 대답할 수 있을까?

질문에 답을 하기 전에 먼저 전제할 것이 있다. 바로 속독이란 말 그대로 빨리 읽는 것이지, 잘 기억하는 것과는 다르다는 점이다. 예를 들어, 책을 읽기 시작해서 마지막으로 접어들었을 때 "앞부분에 어떤 내용이 있었는지 기억나니?"라는 질문을 받았다고 해보자. 아마도 대부분의 사람은 어떤 내용이었는지 정확히 기억하지 못할 것이다. 시간이 지날수록 내용을 잊어버리는 것은 지극히 자연스러운 일이다. 천천히 꼼꼼하게 읽는다고 해도 보통 한 번 읽고 그 내용을 100% 다 기억할 수는 없다.

〈실제로 속독은 불가능하다는 것을 과학이 입증^{速読は実は不可能だと科学が実証}〉이라는 기사가 《라이프해커^{ライフハッカー}》에 게재된 적이 있다(2016. 2. 19). "과학적으로 속도와 정확성은 반비례하기 때문에 문장을 읽는 데 걸리는 시간이 짧으면 그만큼 이해력은 떨어진다"라는 내용이었다. 즉 "빨리 읽을수록 이해력은 떨어진다"라면서 속독은 불가능하다고 주장했다.

만일 속독과 정확성이 반비례 관계에 있다면 천천히 읽으면 읽을수록 잘 이해해야 한다. 그러나 천천히 읽었는데도 정보가 머릿속에 남아 있지 않다면 문장을 깊이 이해하지 못하는 것이다. 또 책을 천천히 읽는다고 책의 내용을 전부

천천히 읽는 것보다 빨리 읽는 것이 정답

천천히 제대로 읽으면 이해도는 올라간다.

'독서 속도'와 '머리에 남아 있는
정보량'은 관계가 없다.

빠른 속도로 읽을수록 머리에 남는 정보량이
늘어난다.

빨리 반복해서 읽음으로써
머릿속에 더 많은 내용을 저장한다.

천천히 읽어도 100% 기억할 수 없기 때문에
오히려 빨리 여러 번 읽는 것이 효율적이다!

천천히 읽어도 내용을 다 기억할 수 없다면 차라리 빨리 읽는 편이 낫다 기억할 수는 없다. 적어도 독서 분야에서는 이런 일이 결코 일어나지 않는다.

독서 분야에 한정해서 말하면 '독서 속도'와 '머리에 남는 정보량'은 관계가 없다. 독서 속도와 기억에 남는 정보량 사이에 어떤 관계도 없다면 빨리 읽는 것이 좋지 않을까? 내용을 잊기 전에 책을 다시 읽으면 더 많은 것을 기억할 수 있다. 이 점을 생각한다면 오히려 빠른 속도로 여러 번 읽을 때 머리에 남는 정보가 늘어나게 된다.

'문장을 읽는다'와 '문장을 기억한다'는 전혀 다른 것이다. 문장을 읽을 때 사람들은 문자 정보를 자기 나름대로의 이미지로 변환하여 처리한다. 따라서 그 처리 능력을 높이면 빨리 읽으면서도 제대로 머릿속에 남길 수 있다.

먼저 전체를 훑어본다

지금 나는 속독을 가르치고 있지만, 과거의 나는 책을 굉장히 느리게 읽었고 책 읽기를 좋아하지 않는 사람이었다. 직장인이 되어서도 시스템 엔지니어라는 직업의 특성상 기본적으로 필요한 정보는 인터넷을 이용해 검색해서 얻었다. 그러다 보니 책을 읽을 기회는 줄어들었고, 책장을 펼치기만 해도 질려버렸다.

상사가 "만화책이라면 읽을 수 있을 거야"라며 책을 추천해준 적이 있다. 하지만 '결국 글자만 가득하고 사람들이 대화할 때만 그림이 나오네'라는 생각에 몇 쪽 읽지 않고 내던졌다. 교재나 매뉴얼을 억지로 읽어야 할 때도 몇 쪽만 읽으면 집중력이 떨어져 끝까지 다 읽을 수 없었다.

나를 포함해서 책을 느리게 읽는 사람들은 첫 장부터 제대로 기억해야 한다고 생각하는 경향이 있다. 책의 첫 장부터 읽기 시작해서 3쪽 정도 읽다 보면 '앞에 나와 있는 내용이 뭐였지?'라는 생각이 들게 되고, 내용을 확인하기 위해 다시 첫 장부터 읽기 시작한다. 읽는 동안에도 여러 가지를 생각하다가 또다시 첫 장으로 돌아오고⋯. 이런 식으로 반복하다가 결국 책을 끝까지 읽지 못한다. 그러다 보면 결국 책 자체를 읽지 않는 악순환에 빠진다. 즉 책을 읽는 속도가 느린 것이 아니라 책을 읽는 시간보다 생각하는 시간이 더 많은 것이다.

속독을 배우고, 책 한 권을 다 읽고 난 후 깨달은 것이 있다. 책의 전반부만 읽으면 좀처럼 무슨 내용인지 알 수 없는 경우가 있다는 사실이다. 원인은 바로 책의 구성에 있다. 예를 들어, 뇌의 특징을 활용한 방법을 쓴 책이 있다고 하자. 사람에 따라서 방법만 알아도 충분한 사람이 있는 반면에, 왜 그 방법이 좋은지 이해하지 못하면 실천할 수 없는 사람도 있다.

후자의 경우에는 책 앞부분에 뇌의 메커니즘에 대한 이론을 이야기하고, 그것을 전제로 책 후반부에 방법에 대한 이야기를 해야 이해할 수 있다. 반면 전자의 경우에는 뇌의 메커니즘부터 읽기 시작하면 무엇을 이야기하고 있는지 제대로 이해하지 못한다. 이 경우 책 전체를 훑어본 다음에 다시 한번 앞부분부터 반복해서 읽으면 된다. 이렇게 하면 이해하기 어려운 전반부의 내용과 결론인 방법을 관련지으면서 읽기 때문에 내용을 이해하기 쉽다.

책을 느리게 읽는 사람들은 '나무만 보고 숲은 보지 못하

책을 빨리 읽는 사람들은 이렇게 한다

책을 느리게 읽는 사람

한 쪽 한 쪽
제대로 기억하려고
노력하면서 읽는다.

읽는 시간보다 생각하는 시간이 길어진다.

책을 빨리 읽는 사람

책 전체를
먼저 훑어본다.

한 번 읽고 난 후 다시 책을 읽으면 어려웠던 내용도 쉽게 이해된다.

한 쪽 한 쪽 꼼꼼하게 읽기보다는
한 권을 빨리 읽는 감각을 몸에 익힌다.

천천히 읽어도 내용을 다 기억할 수 없다면 차라리 빨리 읽는 편이 낫다는 상태'가 되어버리기 쉽다. 한 그루의 나무에만 사로잡혀 있으면 숲 전체는 보지 못하게 된다. 즉 전체를 통해서 전하고 싶은 것, 다시 말하면 본질을 이해할 수 없게 된다.

나는 '진정한 이해'는 '깨닫는 것'과 '좋은 생각을 떠올리는 것'이라고 생각한다. 책에 있는 말이나 문장을 보면서 스스로 이미지를 만들어내고, 그 이미지에서 무엇인가를 깨닫고 아이디어를 얻음으로써 현실에 적용할 방법을 찾아낸다. 더 많이 깨닫고, 더 많은 아이디어를 얻으려면 나무 하나하나를 보는 것보다 전체 숲을 훑어보면서 그중에서 관심이 가는 나무를 자세히 조사하는 것이 좋다. 그래야 더 많은 것을 빨리 이해할 수 있다. 먼저 숲을 훑어보기 위해서는 한 권을 빠르게 읽는 습관을 들이는 것이 좋다. 빨리 읽으려는 노력만으로도 충분히 의미가 있다.

속독으로 경험을 넓히면 행동이 쉬워진다

'단지 읽는 것에서 끝나지 않고 제대로 아웃풋'하는 것도 매우 중요하다. 아웃풋이라고 하면 많은 사람이 글을 쓰는 것

을 생각한다. 사실 '쓰기' 같은 아웃풋은 그리 어려운 방법
이 아니며 나도 늘 하고 있다. 그러나 쓰기는 아웃풋의 전부
가 아니라 어디까지나 하나의 과정일 뿐이다.

이해력을 높이는 데는 '환경'과 '경험'이 중요한 요소로
작용한다. 책의 내용을 그대로 말로 표현한다고 해도 지금
자신의 수준을 넘어서는 내용이라면 이해하기 힘들 것이다.
자기계발의 방법으로 독서를 생각한다면 '환경'과 '경험'의
요소를 높여야 한다. 결국 책의 내용을 머릿속에서 이미지
로 변환하고 그것이 행동으로 이어질 수 있도록 노력해야
더 잘 이해할 수 있다. 이에 대한 구체적인 방법은 제4장과
제5장에서 설명할 것이다.

속독을 하면 자신에게 부족한 것을 쉽게 알아차릴 수 있
다. 또 어떤 상황에서 일어날 수 있는 변수들을 예측할 수
있어 각종 문제들에 대비할 수 있다.

나는 드래곤 퀘스트(Dragon Quest, 일본의 대표적인 롤플레잉
게임)의 충실한 팬으로 항상 새로운 버전을 기다리고 있다.
드래곤 퀘스트의 신작 발매가 결정되면 상세 정보가 게임

정보지에 게재되고, 그것을 읽으면서 내 캐릭터를 어떻게 성장시킬지 상상한다. 하지만 막상 게임을 시작하자 생각했던 것보다 보스 캐릭터가 너무 강력해서 전멸하고 만다. 그때야 비로소 '어떤 캐릭터를 사용해서 어떤 전략으로 다시 도전할까?'를 생각하고 게임 잡지를 다시 읽으면서 공략법을 찾는다. 이런 상황은 게임의 세계에서만이 아니라 실재 세계에서도 마찬가지다.

행동하기 전에 다시 한번 책을 읽으면 전에 놓쳤던 문장이 눈에 들어오는 경우가 많다. 처음 읽었을 때와 환경과 경험이 달라졌기 때문이다. 또 책을 다시 읽으면 문장을 낱낱의 글자가 아니라 이미지화할 수 있게 되면서 새로운 인사이트를 얻거나 아이디어를 떠올리게 된다. 이렇게 얻은 지혜를 행동에 반영하면 주변의 환경이나 경험치가 더 크게 변화하고 발전할 수 있다.

이처럼 '책×환경×경험=이해력'이라는 독서의 방정식을 파악하고 각각의 요소를 발전시킨다. 이를 통해 현재 직면한 과제를 해결할 수 있는 아이디어를 얻을 수 있고, 자기계발의 폭을 넓힐 수 있다. 책을 읽을 때 자신의 상황에 대입

책×환경×경험으로 이해력을 높인다

독서를 게임으로 예를 들어보자

게임 매뉴얼을 읽는다. =책을 읽는다.
게임 정보지에서 상세 정보를 얻는다.

게임에서 전멸한다. =실패한다.
상상 이상으로 보스 캐릭터가 강해서 성공하기
쉽지 않다.

게임 매뉴얼을 다시 읽고 전략을 짠다.
=책을 다시 읽고 최선책을 찾는다.
어떤 캐릭터를 사용해서 어떠한 전략으로 도전하면
좋을지 생각한다.

> 책을 다시 읽으면 환경이나 경험의 변화로 인해
> 행동하기 전에는 알지 못했던 문장을 발견하게 된다.
> 더 많은 기회가 눈에 띄게 되고,
> 지혜를 만들어낼 수 있다.

해서 읽으면 문제를 해결하는 방법을 이미지로 선명하게 그릴 수 있다. 그러면 돌발 상황에 대한 불안감이 해소되고 행동으로 옮길 수 있는 능력이 올라간다.

속독은 이해력을 넘어 자신감을 높인다

책을 읽는 속도가 빨라지면 그만큼 행동으로 옮길 수 있는 시간도 확보할 수 있다. 책을 읽으며 각 상황들에 대비한 행동들을 머릿속에 이미지로 그리고, 실제로 실행하는 시간도 확보한다면 자기계발 측면에서 다양한 효과를 얻을 수 있다.

이를 위해서는 먼저 집중력이 떨어지기 전에 책 한 권을 다 읽어야 한다. 책에 있는 문장을 그대로 기억할 필요가 없다는 것을 알고 있기 때문에 책 한 권을 완독하는 것이 편해지고, 다 읽은 후에 성취감을 맛보는 횟수가 늘어난다. 그리고 '한 권을 다 읽을 수 있다'는 자신감이 생기면서 처음 접했을 때 어려워 보여 읽기 두렵다고 느꼈던 심리적 장애물이 제거되어 더 쉽게 책을 읽을 수 있게 된다. 어려워 보인다고 지금까지 피해왔던 책을 읽는다면 지식은 더 풍부해질 것이다. 변화된 환경과 경험의 축적으로 식견이 높아지면 책의 내용을 전보다 더 제대로 이해할 수 있다.

빨리 읽는 것이 습관이 되면 시간 감각이 예리해진다. 책을 빨리 읽으려고 하면 시간을 의식할 수밖에 없다. 책을 읽을 때는 물론이고 일을 하는 시간과 일상생활에서의 자투리 시간도 잘 활용하게 된다. "같은 시간을 들여도 생산성이 더 높아야 하지 않을까?"라든가 "전철을 기다리는 시간 동안 무엇을 할 수 있을까" 등 시간을 효과적으로 활용하려는 생각을 의식적으로 하게 된다. 이런 생각이 책×환경×경험의 요소를 높이고, 시간을 활용해 행동으로 옮길 수 있는 실행력을 키운다.

책을 읽으면서 어떤 내용을 행동으로 옮길지에 대해 이미지 트레이닝을 해보면 실제 행동을 할 때 불안감이 줄어든다. 또 시간적으로 여유가 생기면 정신적으로도 안정된다. 이런 과정이 반복되면 행동의 질도 높아지고 책×환경×경험 요소의 성장은 더욱더 가속화한다.

이처럼 책을 빨리 읽으면 결과적으로는 잘 기억할 수 있게 된다. 또한 읽은 내용을 활용할 수 있고, 시간을 활용해 실제 행동으로 옮기게 된다. 이를 통해 지금 처한 문제와 과제를 해결하면서 자신감을 더욱더 높일 수 있다.

책 읽는 방법을 업그레이드한다

| **1단계** | **책의 내용을 자신에게 대입한다.**
- 문제해결을 위해 행동하는 이미지를 더욱 선명하게 그리면서 책을 읽을 수 있다.
- 이미지 트레이닝을 통해 불안감이 해소되어 행동으로 옮기는 실행력이 오른다.

| **2단계** | **빠른 속도로 책을 읽는다.**
- 실제 행동으로 옮길 수 있는 시간을 만들어낸다.

| **3단계** | **책 한 권을 다 읽는다.**
- 집중력이 떨어지기 전에 한 권을 다 읽는다.
- 지금까지 꺼려했던 책을 읽을 수 있다.
- 책 내용을 제대로 기억하게 된다.

| **4단계** | **시간 감각이 예리해진다.**
- 시간을 효과적으로 활용하려는 의식이 생긴다.
- 시간을 활용해 실제 행동으로 옮긴다.
- 정신적인 측면에서 여유가 생긴다.

책을 빨리 읽으면 결과적으로 잘 기억할 수 있다.
당면한 문제와 과제를 해결하면서
자신감을 더욱더 높일 수 있다.

제2장

직장인 90%가
모르는
'진짜' 독서법

같은 책인데도
왜 읽을 때마다 다르게 느낄까

같은 책을 읽는다고 해도 나의 감상과 상사, 동료 혹은 친구의 감상에는 큰 차이가 있다. 책이든 영화든, 다른 사람들의 감상평을 듣고 '아, 그렇게 생각할 수도 있구나'라고 느낀 적이 있을 것이다. 실제로 책 읽기란 문자 정보를 이미지 정보로 바꾸는 것으로 그 변환 방법에 따라 차이가 생긴다. 책을 읽는 사람이 다르다면 이야기하는 내용이 바뀌는 것은 자연스러운 일이다.

예를 들어, 다음의 문장을 보았을 때 어떤 이미지를 떠올릴 수 있을까?

크고 아름다운 눈을 가진 여성이 있다.

'크고 예쁜 눈을 가진 여성'을 떠올릴 수도 있고, '키가 크고 눈이 아름다운 여성'을 떠올릴 수도 있다. 둘 다 맞다. 여기에서 중요한 것은 같은 문장을 보아도 사람마다 떠올리는 이미지가 다르다는 점이다. 다시 말해, 같은 대상을 두고도 사람에 따라 이해하는 내용이 다르다.

만일 당신 가까이에 '눈이 크고 예쁜' 여성이 있다면 이를 특징으로 한 여성의 이미지를 떠올리기 쉬울 것이다. 또 당신이 좋아하는 여성이 '키가 크다'면 그것을 기본으로 한 여성의 이미지를 떠올릴 것이다. 결국 말이나 문장을 이미지로 변환할 때 사용하는 정보는 평소 자신이 자주 접하고 있는 환경이나 과거의 경험과 관련되어 있다.

사람마다 떠올리는 이미지가 다르다

앞서 말했듯 사람들이 각자 다른 이미지를 상상하는 것은 환경과 경험이 다르기 때문이다. "독서를 현실에서 잘 활용

같은 책을 읽어도 서로 다르게 느끼는 이유

말이나 문장을 이미지로 바꾼다

예: 크고 아름다운 눈을 가진 여성

키가 크고
예쁜 눈을 가진 여성

눈이 크고 예쁜 여성

환경이나 경험의 차이로
떠올리는 이미지가 달라진다.
책을 잘 활용하는 사람일수록
다양한 이미지를 떠올릴 수 있다.

하는 사람은 왜 같은 책도 읽을 때마다 다르게 느낄까?" 이 말의 진짜 의미는 바로 여기에 있다.

독서를 잘 활용하는 사람일수록 여러 가지 이미지를 떠올린다. 책을 읽고 떠올리는 행동이나 이미지가 많아진다면 어떤 상황에 처했을 때 '이렇게 하면 가능할 것 같다'라는 여러 가지 해결 방법을 생각할 수 있다. 다양한 선택지를 발견하고, 실제 행동으로 옮기면 경험치는 폭발적으로 증가한다.

책에 있는 문장을 해석할 때 과거의 경험이나 주변의 환경을 기초로 만든 이미지는 사람마다 각각 다르다. 저자가 전하고 싶은 이미지와 차이가 있다고 해서 잘못된 것은 아니다. 그러나 책을 읽음으로써 저자의 시선으로 동일한 체험을 할 수 있다면 지금까지 이해할 수 없었던 것을 깨달을 수 있다. 이것이야말로 독서를 하는 본래의 목적이다.

직장인을 위한 독서법은 따로 있다

대부분의 사람이 학교에서 독서 방법을 배운다. 이른바 묵독默讀인데, 글을 소리 내지 않고 속으로 한 글자씩 따라가며 읽는 방법이다. 아마도 많은 사람이 이런 방법으로 어린 시절부터 지금까지 책을 읽고 있을 것이다.

묵독은 필요한 독서 방법이다. 말 자체의 감각을 느낄 수 있고, 말하는 방법이나 대화 기술로도 활용할 수 있으므로 여러 가지 방면에서 도움이 된다. 그러나 직장생활을 하면서 이런 방법으로 책을 한 글자씩 읽는다면 완독하지 못할 가능성이 크다. 무엇보다도 직장인은 학생 때와는 달리 늘 시간에 쫓긴다. 하지만 시간이 없어도 책을 읽고 결과를 도출하는 사람들이 있다. 그들은 학교에서 배운 묵독과는 다른, 사회인에게 필요한 방법으로 책을 읽기 때문이다.

학교 시험 문제는 기본적으로 교과서, 그중에서도 한정된 범위 내에서 출제되기 때문에 시간을 들여 꼼꼼하게 읽을수록 좋다. 출제 범위의 내용을 제대로 읽기만 해도 시험에서 좋은 결과를 얻을 수 있다.

하지만 대부분의 직장인은 시간을 내서 책을 읽을 여유가 없다. 게다가 책을 읽었다고 해도 어떤 문제에 대한 해결책이 바로 나오는 것이 아니다. 때문에 학생 때처럼 책 내용을 전부 암기하는 것은 무의미하다. 매뉴얼을 통째로 암기해도 매뉴얼 작성자가 요구하는 작업 수준에 도달한다고 장담할 수 없기 때문이다. 따라서 직장인에게는 직장인을 위한 독서 방법이 필요하다.

행간을 읽는 연습을 하라

그렇다면 구체적으로 어떤 방법으로 읽으면 좋을까? 먼저 책의 내용을 바탕으로 '책에 있는 문장을 보면서 연관된 생각을 얼마만큼 많이 떠올릴 수 있는가?'에 중점을 둔다.

예를 들어, 급여가 좀처럼 오르지 않아 고민하는 사람이 《워렌 버핏 투자 노트》를 읽는다고 해보자. "투자도 일을 고르는 것과 마찬가지다"라는 문장을 보고 급여가 올라가지 않는 원인은 자신이 근무하는 회사가 이익을 적게 내기 때문이라는 것을 깨달았다. 그리고 더 나은 급여를 받기 위해서는 더 좋은 회사를 찾아 이직하거나, 급여 이외의 수익을 얻기 위해 투자 공부를 해야겠다고 생각한다.

이런 식으로 고민을 해결하는 기회를 찾을 수 있다.

그리고 《워렌 버핏 투자 노트》를 읽고 난 후 주식 공부를 하기 위해 뉴스를 보다가 때마침 〈오오츠카 가구(大塚家具, 일본의 가구회사) 경영위기〉라는 기사를 발견했다. 오오츠카 가구는 고급 브랜드를 판매하고 있었는데, 대중에게 맞는 브랜드로 비즈니스 모델을 변경하면서 한때 실적이 올라가기도 했다. 그러나 그 후 실적이 계속 이어지지 않아 고전하고 있다는 기사였다.

기사를 보고 다시 한번 《워렌 버핏 투자 노트》를 읽어보았다. 그리고 "상품을 대중화해서 매출을 늘리는 것은 쉽지만 대중화 노선에서 고급화 노선으로 되돌아가는 것은 어렵다"라는 문장을 다시 보게 되었다. 오오츠카 가구의 경영 상황과 관련지어 보니 처음 읽었을 때보다 여러 가지 상황이 연결되며 이해가 잘 되었다.

이처럼 책의 내용과 개인의 경험 그리고 주변 환경을 함께 연결해보면 비즈니스 과제를 해결할 힌트를 발견할 수 있다.

또 노하우와 방법을 소개하는 책을 읽는다면 "왜 그 방법으로 해야 하는가", "현재의 상태에 어떠한 영향을 미치는가" 등의 질문을 해본다. 이것이 문제의 본질이며, 책에는 기술되어 있지 않은 '행간'이다. 우리는 책의 내용과 개인의 경험, 주변 환경을 모두 결합하여 바로 이 '행간'을 읽는 연습을 해야 한다.

책에서 문제해결의 힌트를 발견한다

예: 《워렌 버핏 투자 노트》를 읽는다.

"투자도 일을 고르는 것과 같다"라는 문장을 읽는다.
급여가 오르지 않는 원인을 찾고 투자 공부의 필요성을 깨닫는다. 그리고 이직도 방법이 될 수 있음을 알게 된다. 그렇게 적은 수입에 대한 문제를 해결할 수 있는 기회를 찾는다.

업계 뉴스를 본다.
고급 브랜드에서 대중적인 브랜드로 바꾸면서 고전하고 있는 기업의 기사가 눈에 들어왔다.

책을 다시 읽어본다.
"상품을 대중화해서 돈을 버는 것은 쉽지만, 대중화 노선에서 고급 노선으로 되돌아가는 것은 어렵다"는 문장에 오랫동안 시선이 머문다. 처음 읽었을 때보다 이해가 더 잘 된다.

책, 경험, 주변 환경을 결합하여
비즈니스 문제와 과제 해결의
힌트를 찾을 수 있다.

읽고 싶은 책,
읽기 쉬운 책을 읽는다

책 읽기를 싫어하는 사람들은 '독서=공부'라는 이미지를 떠올리기 때문에 독서를 멀리하는 경우가 많다. 사회생활을 하면서 독서를 공부로 받아들여서는 안 된다. 그러기 위해서는 학창 시절부터 익숙해진 독서 방법에서 벗어나야 한다. 직장인이 책을 읽는 목적은 문제해결 또는 자기계발을 위해서다. 저자의 노하우와 폭넓은 지식을 체득해 자신이 갖고 있는 문제를 해결하고, 더 성장하겠다는 마음이 바쁜 시간을 쪼개 책을 읽게 만드는 힘이다.

내가 읽고 싶은 책을 고르자

학생일 때와는 달리 직장인이라면 읽을 책의 범위나 주제에 제한을 둘 필요는 없다. 회사에서 지시를 받아 꼭 읽어야 하는 책 또는 '저명한 ○○씨가 추천하는 책'이라서 마음이 내키지 않는데도 억지로 읽는다면 부정적인 감정만 생긴다. 읽고 싶은 책이 아니다 보니 책을 읽는 시간은 늘어지고, 결국 다 읽지 못하게 된다.

직장인이 책을 고를 때는 문제해결과 자기계발을 목적으로 가장 읽고 싶은 책을 고르는 것이 좋다. 목적에 부합하는 책이 있다면 무엇이든지 좋다. 하지만 저자가 유명한 사람이라고 해서 또는 그 책이 베스트셀러라고 해서 두껍고 어려워 보이는 책을 무리해서 선택할 필요는 없다.

예를 들어, 회사에 입사한 후 사원 연수의 일환으로《성공하는 사람들의 7가지 습관》을 읽어야 한다고 해보자. 그 책을 보았을 때 '어려워 보인다, 읽을 마음이 나지 않는다'라는 생각이 든다면 만화로 된 책이나 삽화가 들어간 책을 선택해 읽어도 된다. 만화책이나 그림책으로 이미지를 머릿속에 그리고 나서 원작을 읽으면 책의 내용을 이미지로 변환하는 것이 더 쉬워진다. 때문에 빨리 읽어도 비교적 '읽을 수 있다'는 느낌을 받는다.

책을 빠르게 읽음으로써 한 권을 끝까지 읽고 나면 성취감을 느낄 수 있다. 그 성취감을 맛본 후 '독서=공부'라는 부정적 연결 고리가 끊어지면 겉보기에 조금 어려워 보이는 책이라도 자연스럽게 '어쨌든 읽어보자'라는 식으로 바뀌게 된다. 책 읽기가 어렵게 느껴진다면 먼저 머릿속에 이미지로 그리기 쉬운 책을 고르는 게 좋다.

내 목적을 달성할 수 있는 책이 좋은 책이다

자신이 무엇을 읽으면 좋은지 알 수 없을 때는 어떻게 해야 할까? 먼저 서점에 가서 재미있어 보이는 책을 골라 전체를 가볍게 훑어본다. 그리고 목차와 본문을 보면서 강조된 부분 또는 흥미를 끄는 말들이 있는지 찾아본다.

주어진 과제가 명확한 경우에는 자연스럽게 관련된 내용이 눈에 들어온다. 경우에 따라서는 그 부분을 읽기만 해도 문제가 해결되기도 한다. 과제가 명확하지 않은 경우에도 훅훅 넘기며 빠른 속도로 책을 살펴보다 보면 머릿속으로 여러 가지 생각을 할 수 있는 상태가 된다. 그리고 무의식적으로 자신에게 필요한 것과 흥미가 있는 내용에 눈길이 머물게 된다. 이처럼 무조건 읽지 말고, 찾는 것에 초점을 두어야 한다.

그다음에는 흥미를 끌었던 쪽의 한 구절을 일반적인 속도로 읽는다. 읽었을 때 과제를 해결할 수 있는 방법이나 이미지가 쉽게 떠오르는 책인지, 혹은 문장으로 설명하거나 구체적인 사례가 이미지로 그려지는 책인지 확인한다.

예를 들어, 독립해서 창업을 한 후 회사 조직을 만드는 것에 어려움을 겪고 있는 사람이 《일본 제국은 왜 실패하였는가?》를 읽고 있다고 해보자.

이 책은 제2차 세계대전 당시 일본군을 예로 들어 제목 그대로 실패의 본질을 분석하고 있다. 수많은 전투 중 작전에 실패하고, 또 패배했던 전투의 사료를 분석해 패전의 원인이 무엇이고, 이것들이 현재 일본 사회 · 기업의 조직 문화와 어떤 관련이 있는지를 다뤘다. 명저로 유명하지만 일본 역사에 대해 잘 알지 못하는 사람은 읽기 어려울 수도 있다.

잘 팔리는 책과 유명한 책, 그리고 자기 자신에게 맞는 책이 반드시 일치하는 것은 아니다. 어디까지나 우선시해야 하는 것은 '나를 더 성장시킬 수 있는가?' '지금 직면하고 있는 문제를 해결할 수 있는가?' 등이다. 이러한 목적을 실현해줄 책 중에서 읽기 쉬운 책부터 고르자. 또 이미지를 그리기 쉬운 책을 먼저 고르도록 하자.

낯선 분야의 책을 쉽게 읽는 방법

전혀 모르는 분야의 책을 읽는 경우, 책에 등장하는 단어나 원리 등을 쉽게 파악할 수 없으므로 그냥 읽어서는 이해할 수가 없다. 낯선 분야의 책을 읽기 위해서는 최소한의 지식이 필요하다. 이럴 때 '책×경험×환경'의 곱셈 공식 중에서 '환경' 또는 '경험'을 먼저 쌓는 것도 하나의 방법이 될 수 있다.

상품개발 업무를 하던 사람이 영업 부서로 이동했다고 해보자. 상품개발 부서에서는 상품이나 개발에 관한 기술을 자세하게 알아야 하는 반면, 영업 부서에서는 고객 대응을 위한 기술과 업계의 지식이 필요하다. 고객 방문 횟수를 늘리고 많은 대화를 통해 기초지식을 쌓아 고객들이 실제로 무엇을 원하는지를 알아야 한다. 이처럼 부서에 따라 환경과 경험의 '차이'가 있다.

이런 경우 영업부 상사에게 "이 업계를 알기에 좋은 책은 무엇입니까?" 등의 질문을 통해 적당한 책을 추천받는 것도 좋은 방법이다. 현장을 기초로 한 책을 읽는다면 더욱 쉽게 이미지를 떠올릴 수 있고 기억하기도 쉽다.

물론 대화를 하다가 알지 못하는 내용이 나온다면 그때마다 인터넷으로 찾아봐도 좋다. 무리해서 생소한 분야의 책을 읽으려 한다면 단편적인 지식밖에 얻지 못할 가능성이 크기 때문에 원하는 정보를 찾기 힘들다. "사슴을 쫓는 사람은 산을 보지 못한다"라는 말이 있다. 단편적인 지식, 즉 '사슴'에 정신을 빼앗기지 않도록 인터넷을 이용해 정확한 지식을 축적한 후 책을 읽는다면 '산'을 보았을 때 전체를 더 빨리 파악할 수 있다.

옛날에는 모르는 것을 조사하려면 책을 찾아보는 수밖에 없었지만 지금은 인터넷으로 비교적 손쉽게 알고 싶은 정보를 정확히 찾아낼 수 있다. 기초적인 수준의 지식은 이렇게 쌓아가면 된다. 이런 경험을 쌓은 다음 체계화된 지식을 정리한 책을 읽는다면 자신의 지식이나 경험을 유기적으로 연결할 수 있다. 그러고 나서 배운 바를 행동으로 옮긴다면 이미지를 더 명확하게 그릴 수 있을 것이다.

평소에 읽기 힘들었던 책이라면 무엇보다도 더 빠르게 읽도록 의식적으로 노력해야 한다. 만일 미리 접하기 어려운 분야인 경우, 그 분야에 관한 책을 10권 정도 집중적으로 읽는 것도 하나의 방법이다. 같은 분야의 책을 연속해서 읽으면 공통적인 핵심을 찾아낼 수 있다.

책을 어떻게 읽어야 하는지는 4장과 5장에서 자세히 설명할 것이지만, 여러 권의 책을 통해 지식을 습득하려고 한다면 책을 읽기 시작할 때부터 그 책들의 공통된 내용, 다시 말하면 본질적인 개념을 찾으면서 읽어야 한다. 공통된 내용은 그 분야의 기초지식일 가능성이 크기 때문이다.

기억하려 하지 않으면
더 많이 기억할 수 있다

지금까지 이야기한 것을 이
해했다고 해도 막상 책을 읽으려고 하면 '기억해야 한다'라
는 강박이 좀처럼 쉽게 사라지진 않을 것이다. 10여 년의 학
창 시절 동안 반복해온 읽기 방법이 습관화되어 있기 때문
에 간단히 바꿀 수 없는 것이 당연하다. 책을 읽으며 내용을
모두 기억하려는 버릇을 버리고, 전체적인 맥락을 이해하고
아이디어를 얻는 독서로 바꾸는 기술이 바로 속독이다.

속독은 평소 책을 읽는 속도보다 빨리 읽는 것만으로도
충분하다. 평소보다 빠른 정도가 어느 정도인지 그 속도를

감각적으로 느끼기 어렵다면, 집중력이 떨어지기 전에 한 권을 다 읽을 정도라고 생각하면 된다. 책 읽기에 익숙하지 않은 사람은 집중력이 떨어지기 전에 한 장(한 챕터) 정도를 다 읽을 정도의 속도여도 상관없다.

'마감 효과'라는 것이 있다. 일의 마감시간이 다가오면 기한에 맞추려는 심리 상태로, 이때 일을 하면 집중력이 높아진다는 현상이다. 이것을 독서에도 적용해서 읽는 시간에 제한을 두고 강제적으로 집중해서 읽는 환경을 만든다.

자신이 책을 너무 느리게 읽는다고 생각하는 사람은 책 읽는 중간에 기억하고 상기하는 시간을 없애고 그냥 쭉 읽어야 한다. 그러면 지금보다 빠른 속도로 읽을 수 있다.

이것은 급행열차가 일반열차보다 빨리 목적지에 도달하는 것과 같은 논리다. 둘 다 종류는 열차로 같지만 급행열차가 일반열차보다도 빨리 도착하는 것은 도중에 멈추지 않기 때문이다. 마찬가지로 책을 읽을 때도 멈추지 않는다면 누구나 지금보다 빨리 읽는 것이 가능하다.

이것이 중요한 포인트다. 직장인의 독서는 '문장의 내용을 기억하는 것'이 아니라 '자기계발로 이어지는 행동으로 옮길 수 있는 이미지'를 만드는 것이 목적이다. 얼마나 기억하는지에 대한 걱정은 하지 말고 한 권의 책 속에서 서서히 이미지를 그려가는 연습을 해보자.

속독에 익숙해지면 기억할 수 있는 양이 늘어난다

빨리 읽는 것이 습관화되면 결과적으로 한 번에 머릿속에 남는 정보량도 늘어날 가능성이 크다. 뇌는 주변 환경에 적응하려는 특성이 있기 때문이다.

예를 들어, 자동차 면허를 취득할 때 반드시 공부해야 하는 것이 있는데, 체감 속도의 착각에 대한 내용이다. 고속도로를 장시간 주행한 후 일반도로로 들어섰을 때 주변 자동차의 속도가 굉장히 느리게 느껴진다. 하지만 이것은 착각이다. 주변 경치가 고속 상태로 흐르는 것에 뇌가 익숙해졌기 때문에 일어나는 현상이다.

마찬가지로 책을 빨리 읽는 습관이 몸에 배면 뇌가 빠른 속도로 문장을 읽는 것에 적응하려고 한다. 그리고 뇌가 빠른 속도로 읽는 것에 익숙해지면 인식할 수 있는 말이나 문장이 늘어나게 된다.

물론 인식할 수 있는 말이나 문장의 양을 늘리는 방법은 개인차가 있다. 책을 빠르게 읽다가 흥미 있는 문장이나 말이 나오면 속도를 늦춰 읽어보자. 그러면 더욱 확실하게 말이나 문장이 눈에 확 들어오는 것을 느낄 수 있다.

이처럼 빠른 속도로 읽는 것에 뇌가 익숙해지면 머리에 남는 정보도 늘어나게 된다. 현대는 정보를 기억하는 데 시간을 들여야 하는 시대가 아니다. 무엇인가를 조사하고 싶다면 인터넷에서 검색하는 것이 빠르고, 다양한 사이트를 통해 정확하게 알고 싶은 정보를 찾아낼 수 있다. 이런 시대에 책을 읽는다는 것은 "무엇인지 잘 잡히지 않는 문제의 해결을 위한 단서를 얻고 해결방안을 찾아 행동하는 이미지를 만들어낸다"에 의미를 두어야 한다. 그리고 지혜를 얻기 위해서는 주변 환경을 바꾸거나 더 많은 경험을 쌓을 필요가 있다. 그러기 위해서는 시간이 필요하다.

문장을 빨리 읽고 두뇌의 회전을 빨리해서 지금보다 더 빨리 읽어야 한다. 이렇게 만들어낸 시간을 경험의 축적과 환경을 바꾸는 데 사용하자.

뇌의 능력을 최대한으로 활용한 독서 기술

시간을 정해둔다

읽는 시간을 미리 정해서 강제적으로 집중해서
빨리 읽을 수 있는 환경을 만든다.

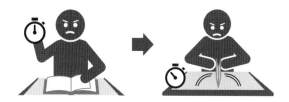

빠른 속도에 익숙해진다

빠른 속도에 뇌가 익숙해지면 머리에 남는 정보도 늘어난다.

문장을 빨리 읽어 뇌의 회전 속도를 높이자.

뇌가 빠른 속도에 적응하면

인식할 수 있는 말이나 문장이 늘어난다.

소리 내어 읽지 않으면
더 빨리 읽을 수 있다

책을 빨리 읽으려고 할 때 '기억해야 한다'는 강박 외에 또 하나의 장애물이 있다. 그것은 바로 '머릿속으로 소리 내서 읽는 습관'이다. 문장을 소리 내서 읽으면 그 속도에는 한계가 있다. 나는 이렇게 소리 내서 읽는 습관은 학창 시절 국어 수업에서 음독音讀했던 것이 원인이라고 생각한다. 유소년기에 음독 교육은 필요하지만, 빨리 읽으려고 할 때는 브레이크처럼 작용한다. 문장을 보는 속도와 문장을 음성화해서 재생하는 속도를 비교하면 음성화해서 재생하는 쪽이 더 늦기 때문이다.

예를 들어, 이 책의 1쪽을 10초 동안 읽기는 어렵지 않지만, 문장을 빠른 속도로 소리 내서 음독하면 10초는커녕 20초가 주어져도 읽을 수 없다. 사람이 알아들을 수 있는 속도로 말했을 때 1분 동안 말할 수 있는 글자 수는 약 300자 정도라고 한다. 3배속으로 음독한다고 해도 이 책의 1쪽을 읽으려면 30초 이상이 걸린다는 계산이 나온다. 물론 좀 더 빠른 속도로 음성을 재생하는 것은 기술적으로 가능하고, 그런 기능의 애플리케이션도 많다. 다만 2배속 정도라면 문제가 없지만 4배속이나 5배속의 경우 소리가 끊어지는 부분이 많을 것이다.

예를 들어 "엄마, 고맙습니다"라는 문장을 4배속이나 5배속으로 재생하면 말이 끊어지면서 '엄마고'가 되어 의미를 파악할 수 없다. DVD나 하드 디스크 플레이어도 배속 재생의 기능이 있다. 1.5배속 정도면 음성과 동영상을 모두 재생할 수 있지만 그 이상으로 속도를 올리면 동영상만 재생되고 음성은 재생되지 않는다. 이처럼 음독의 속도를 빨리 한다는 것은 한계가 있지만 음성화하지 않고 읽는다면 더 빠른 속도로 읽을 수 있다.

'보고 이해'하는 습관을 기른다

음성화하지 않고 문장의 내용을 어떤 식으로 파악하면 좋을까? 바로 문장을 '보고 이해'하는 습관을 들이는 것이다. 보고 이해하는 것이 새로운 방법이라고 생각할 수 있지만 그렇지 않다. 이미 많은 사람이 이 방법을 사용하고 있다.

　레스토랑에서 메뉴를 '읽어달라'고 하는 사람은 거의 없다. 메뉴를 '보여달라'고 한다. 그리고 메뉴는 글자로 쓰여 있다. 사람들은 이 메뉴를 보고 이해한다. 예를 들어, '페페로치노(Peperoncino, 이탈리아 음식에 사용되는 매운 고추)'라고 써 있다고 해도 머릿속으로 음성화해서 '페' '페' '로' '치' '노'라고 한 글자씩 묵독하지 않는다. 단어를 보고 바로 '페페로치노'를 떠올린다. 결국 문장을 읽을 때도 이와 동일한 방법을 사용하는 것이다.

　실제로 문장을 읽을 때 보고 이해하는 방법을 제대로 사용하지 못하는 것은 한 번에 글자를 너무 많이 보기 때문이다. 어느 정도 연습을 하면 한 번에 보는 글자 수를 늘리는 것이 가능하지만, 전혀 트레이닝하지 않은 사람이라도 대개

한 줄 단위로 보고 이해한다

예: 신문을 본다.

사람이 알아들을 수 있는 속도로 말했을 때 1분 동안 말할 수 있는 글자 수는 약 300자 정도라고 한다. 3배속으로 음독한다고 해도 책의 1쪽을 읽으려면 30초 이상이 걸린다는 계산이 나온다. 물론 좀 더 빠른 속도로 음성을 재생하는 것은 기술적으로 가능하고, 그런 기능의 애플리케이션도 많다.

신문 기사를 볼 때 한 줄 단위로 보고 이해하는 감각을 기른다.

신문 대신 이메일 매거진이나
트위터, 블로그 등을 활용해서
연습하는 것도 효과적이다.

7~11글자 정도의 글자를 보고 이해할 수 있다.

'보고 이해'하는 감각을 키우기 위한 교재로는 신문이 좋다. 신문기사 한 줄의 글자 수는 지면에 따라 다르지만 대체로 13~18글자 단위로 되어 있다. 이를 한 줄 단위로 보고 이해하려는 생각을 갖고 한 줄 한 줄 보다 보면 글자 수를 의식하지 않고 보고 이해하는 습관을 들일 수 있다. 나도 속독을 처음 배우기 시작했을 때는 경제신문으로 읽기 연습을 했다.

이메일 매거진(이메일을 통해서 받아보는 잡지)처럼 한 줄에 표시되는 글자 수가 15개 전후인 것도 좋다. 이 정도의 글자 수를 기준으로 줄을 바꾸는 문장은 읽는 사람이 보기 쉽도록 의식해서 쓴 것이 많다. 특히 온라인에서 발신하는 문장은 줄을 바꾸는 위치가 고정되어 있기 때문에 보고 이해하기 쉽게 표현된다.

또 트위터나 블로그를 활용하는 것도 효과적이다. 예를 들어 트위터는 쓸 수 있는 글자 수가 140자로 제한되어 있고 한 번에 볼 수 있는 범위가 상당히 좁게 설정되어 있다. 따라서 언뜻 봐도 어느 정도 내용을 파악할 수 있다. 실제로 평소에 트위터를 사용하는 사람이라면 어쩌면 이미 글을 읽기보다는 보고 있다는 감각이 길러졌을 수도 있다. 트위터의 글처럼 책에 있는 문장도 보고 이해할 수 있도록 연습해보자.

한 권을 3시간 동안 읽지 말고, 1시간씩 3번 읽자

　　문장을 빠르게 '보고 이해'하려고 할 때도 '기억하고 싶다' '이해하고 싶다'는 생각이 머리를 스쳐 지나갈 것이다. 그 이유는 내용을 기억하거나 이해하지도 못하는데 단지 문장을 보는 것만으로는 의미가 없다고 생각하기 때문이다.

　　앞에서 설명한 대로 속도를 늦춰 읽었는데도 기억하는 게 거의 없다면 진정한 의미에서 이해한 것이 아니다. 그렇다면 이 고정관념을 어떻게 바꿔야 할까? 어떻게 해도 시간이 지나면 잊어버리기 때문에 잊기 전에 한 번 더 읽는 방법밖에는 없다. 다시 말하면 반복학습을 하는 것이다.

예를 들어, 업무와 관련해서 업계 포럼에 참가해 다양한 사람을 알게 되었다. 그리고 몇 개월 후에 다른 이벤트에 참가했을 때 '전에 만난 적이 있는 것 같은데, 이 사람의 이름이 뭐였지?'라는 생각이 드는 경험을 한 적이 있을 것이다.

포럼에서 알게 된 이후 매일 만났다면 몇 달이 지난 후 만나도 그 사람의 얼굴과 이름을 잊지 않을 것이다. 여러 번 얼굴과 이름을 확인하는 기회가 있다면, 즉 반복학습을 한다면 잘 기억할 수 있다. 반대로 한 번 만난 이후 만날 기회가 없는 사람의 얼굴과 이름은 잊어버리는 것이 당연하다.

전체를 먼저 파악한 후 세부적인 것을 보자

이것을 독서로 바꿔 말하면, 책 한 권을 3시간 동안 1번 읽는 것보다 한 권을 속독으로, 3시간 동안 1시간씩 3번 반복해서 본다면 기억하는 양이 늘어날 것이다. 각 쪽을 한 문장씩 읽을 때 읽는 속도에 따라 '기억'하고 '이해'하는 정도의 차이가 있을 수 있다. 그러나 실제로는 빨리 읽는 것이 더 많이 기억할 수 있고, 더 깊이 이해할 수 있다. 그 이유는 빨리 읽는 방법이 반복학습할 시간을 만들어내기 때문이다.

한 권을 3번 읽는 방법을 삼림조사에 비유해보자. 첫 번째 조사에서는 숲 전체를 파악한다. '북쪽에는 복숭아나무가 있고, 남쪽에는 배나무가 분포하고 있다'라는 것처럼 개개의 나무가 어떤 상태인지 파악할 순 없지만 숲 전체가 어떤 나무로 구성되어 있는지는 파악할 수 있다.

그리고 두 번째 조사에서는 각각의 나무가 어떤 상태인지 확인한다. 북쪽에 있는 복숭아나무들은 열매를 얼마나 맺고 있는지를 파악한다. 그리고 세 번째 조사에서는 나무에 열린 열매가 어떤 모습인지를 확인한다. 먹기에 적당한 열매가 어느 정도 되는지를 보는 것이다.

실제로 읽는 방법을 예로 들어보자. 첫 번째 읽을 때는 목차와 제목을 보면서 어떤 책인지 파악한다. 두 번째 읽을 때는 각각의 제목을 보고 결론을 확인한다. 이때 큰 글자로 표기된 문장을 기준으로 확인하는 것이 좋고, 기승전결 또는 논문 형식 등의 문장구조를 찾아 읽는다. 세 번째 읽을 때는 본문 중에서 자주 사용하는 말을 확인한다.

이처럼 의식이 향하는 방향을 전체에서 세부적인 것으로 초점을 맞춰간다. 그러면 잊어버리지 않고 숲 전체를 상세하게 파악하는 것이 가능하다. 읽는 속도를 빠르게 하여 반복 학습을 위한 시간을 확보한다면 결과적으로 기억도 잘할 수 있고 깊이 이해할 수 있다.

책 한 권을 3번 읽고
기억의 양을 늘리는 방법

삼림조사를 예로 들어 독서법을 살펴보자

| 첫 번째 |
숲 전체가 어떻게 구성되어 있는지 확인한다.
목차와 제목을 보면서 어디에 어떤 내용이
있는지 확인한다.

| 두 번째 |
각각의 나무가 어떤 상태인지 확인한다.
각각의 제목에 대한 결론을 확인한다.

| 세 번째 |
나무에 열린 열매의 상태를 확인한다.
본문에서 자주 사용하는 말을 확인한다.

한 권을 3시간 동안 1번 읽는 것보다도
1시간 동안 빠르게 읽는 방법으로
3시간 동안 3번 반복해서 읽는다면
기억하는 내용이 늘어난다.

시각뿐 아니라
다양한 감각을 동원한다

의식적으로 빨리 읽기를 하면 문자를 '보고 이해'하기를 하고 있는 것이다. 이제는 오랫동안 해왔던 묵독으로 읽는 방법으로 돌아가지 않도록 노력해야 한다. 한 글자 한 글자 따라서 읽는 습관에서 벗어나, 보고 이해하는 환경을 만들기 위한 몇 가지 비결을 살펴보자. 가장 중요한 것은 '시각 이외의 감각을 자극하면서 책을 읽는 환경을 만드는 것'이다.

청각을 자극하는 방법

음악을 들으면서 속독으로 책을 읽고 감각을 자극하는 환경을 만든다. 음악을 들음으로써 '글자를 읽어야지(묵독 혹은 음독해야지)'라는 의지를 바꿀 수 있다. 글자를 읽으려는 의지가 없으면 글자를 따라서 읽는 것이 아니라 이미지를 보는 것처럼 문장을 보게 된다. 글자로 빼곡한 지면을 보면 지금까지의 습관 때문에 반사적으로 '읽으려는' 감각으로 돌아가기 쉽다. 하지만 그림책이나 사진집은 눈으로 보아도 읽으려는 감각이 생기지 않는다.

사진집 등은 주변의 사람들과 이야기를 하면서도 볼 수 있지만, 글자가 가득한 책은 그렇게 할 수 없다. 왜냐하면 주변 사람의 말소리와 머릿속에서 흘러나온 음성이 동시에 들려서 어느 쪽 음성을 들어야 할지 헷갈리기 때문이다.

나는 속독을 배울 때 클래식 음악을 많이 들었다. 이것은 어디까지나 빨리 읽는 습관을 들이기 위한 목적이기 때문에 음악에 신경을 쓰다 책의 내용을 전혀 모르겠다고 괴로워하지 말기 바란다. 빨리 읽는 습관을 들여서 '책×환경×경험'

중 '환경'과 '경험'에 할애할 시간을 만들어낸다면 결과적으로 책에 대한 이해도는 더 깊어진다. 단, 목적과 수단을 혼동하지 않도록 주의한다.

후각을 자극하는 방법

일정한 향기가 있는 환경에서 속독 모드로 전환하는 것도 하나의 좋은 방법이다. 나는 속독을 연습할 때 '책을 읽다가 잠들지 않으려는 목적'으로 언제나 커피를 마셨다. 그 당시에는 몰랐지만 커피는 잠을 깨우는 효과만 있는 것이 아니라 실제로는 속독을 하게 만드는 작용도 했다.

커피의 향은 두뇌 회전을 빠르게 하는 효과가 있다. 커피콩의 종류에 따라 약간의 차이가 있을 수 있는데 브라질 산토스나 인도네시아 만델린, 하와이 코나 커피의 향은 정보처리 속도를 높이는 데 도움을 준다고 한다.

커피 향기가 속독에 좋은 효과가 있었지만, 당시를 되돌아보면 다른 작용도 있었다. 내가 가르치는 속독 교실에 다니기 시작한 지 얼마 안 된 수강생들은 빨리 읽으려고 했을 때 가장 힘든 점으로 묵독하는 습관이 고쳐지지 않는 것이라고 말했다. 나도 속독을 시작했을 때 똑같은 문제로 괴로워했다.

직장에서 일을 할 때는 아무래도 꼼꼼하게 글을 읽어야했다. 그러나 적어도 속독 훈련을 할 때만큼은 빨리 읽겠다고 마음을 먹었다. 이런 의지를 갖고 속독 연습을 반복할 때 교실에 들어가면 커피 향기를 맡았다. 이른바 '파블로프의 개(파블로프의 조건반사: 러시아의 파블로프가 반복적인 실험을 통해 개에게 먹이를 줄 때마다 종소리를 들려주었는데 먹이를 주지 않고 종소리만 들려줘도 침을 흘린다는 사실을 발견했다. 이처럼 특정한 조건에 신체가 반응하는 것을 조건 반사라고 한다)'와 같은 상태로 교실에서 은은하게 풍기는 커피 향기를 맡으며 속독 연습을 했다. 그러다 보니 책을 빨리 읽겠다고 생각하지 않아도 커피 향기만 맡으면 자연스럽게 속독을 하게 되었다.

오감 중에서 후각 이외의 정보는 사고와 판단 처리를 하는 뇌의 부분을 거친 후 감정을 처리하는 부분에 전달된다. 그러나 후각 정보만 감정을 처리하는 부분으로 직접 전달된다. 결국 '속독 모드가 되자'라고 일부러 노력하지 않아도 후각을 자극하면 본능을 일깨우는 것처럼 무의식적으로 속독 모드로 들어갈 수 있다.

독서의 목적별로 서로 다른 환경을 만들면 글자를 보았을 때 반사적으로 따라 읽으려는 습관이 고쳐져 책을 빨리 읽을 수 있다. 목적에 따라 음악과 향기 등을 구분하여 사용하는 것도 좋다. 이것은 속도에만 해당되는 이야기가 아니다. 자신의 노력에만 의존하지 말고 장소를 바꾸는 식으로 환경에 변화를 준다면 좀 더 쉽게 자신을 바꿀 수 있다.

습관을 만드는 것은 방법만 알면 누구나 할 수 있다. 그러나 습관을 오랫동안 유지하는 것은 힘들다. 그러므로 스스로 바꿀 수 있는 범위 내에서 속독 모드로 전환할 수 있는 독서 환경을 만들어야 한다. 묵독으로 독서하지 않도록, 속독 모드로 바꾸는 습관을 정착시키는 것이 매우 중요하다.

제3장

가장 빨리,
가장 짧은 시간에
책을 읽는 방법

빨리 읽기 위해
주의해야 할 4가지

　　　　　　　　　　　　　　　'책×환경×경험'이라는 독
서의 곱셈 공식을 이용하면 빨리 읽으면서도 이해력도 높일
수 있다. 그러기 위해서는 먼저 책을 빨리 읽어서 행동으로
옮기기 위한 충분한 시간을 만들어야 한다. 또한 읽은 내용
을 아웃풋할 때는 책에 있는 문장이나 단어를 글로 쓰는 것
보다는 직접 행동으로 옮겨 주변 환경을 바꾸어야 한다. 이
렇게 더 많은 경험을 쌓아서 '책×환경×경험' 각 요소의 효
과와 이해력을 높이는 것이 중요하다.

2장에서는 직장인의 독서법에 대해 살펴봤다. 학창 시절의 독서는 시험에서 좋은 점수를 받는 것이 목적으로, 교과서의 내용을 기억하는 읽기 방법이다. 하지만 직장인의 독서는 문제 해결을 목표로 하고, 자기계발로 연결되는 행동 이미지를 떠올리는 계기가 되어야 한다. 그러므로 직장인의 독서는 아이디어를 얻는 것이 목적이다. 책에 있는 내용을 그대로 기억한다고 해도 실생활에서 활용할 수 없다면 그것은 낙제하는 독서다.

직장인이 독서를 통해 고득점을 받으려면, 좋은 결과를 만들어낸 전문가들이 지식을 집약해놓은 책을 읽어야 한다. 문제를 해결했던 저자의 시선으로 간접경험을 하면서 행동으로 옮기는 것에 대한 불안감을 없앤다. 그리고 실제로 행동해야 한다. 책을 통한 간접경험에서부터 실제 행동까지는 시간이 걸리기 때문에 책을 읽는 시간을 짧게 줄여야 한다. 그래서 책을 빨리 읽는 것이 중요하다.

이번 장에서는 실제로 가장 빠른 속도로, 가장 짧은 시간 안에 독서하는 방법을 살펴볼 것이다.

읽으면서 생각하지 않는다

먼저 책을 느리게 읽는 이유는 읽으면서 생각하기 때문이다. 이런 습관을 고치는 방법이 있는데, '읽는 것'과 '생각하는 것'을 나누어서 실행하는 것이다. '읽는 것'을 실행하는 것은 그리 어렵지 않다. 하지만 중요한 것은 다시 앞으로 돌아가서 읽지 않는다는 점이다. 이 점을 명심해야 한다.

이때 느리게 읽는 것에 신경 쓰지 않아도 된다. 책을 읽는 도중에 생각하지 않고 먼저 눈으로 책을 전체적으로 훑어보는 감각을 몸에 익혀야 한다. 책을 읽으면서 자꾸 생각을 하게 된다면 먼저 한 장(한 챕터)을 읽는 것부터 시작하자. 한 장이 조금 길면 몇 개의 구획으로 나누어 읽어도 좋다.

기억하는 것보다 끝까지 읽는 것이 먼저다

책을 읽는 도중에 '앞부분의 내용을 잊었다'는 생각이 들더라도 신경 쓰지 말고 먼저 책을 끝까지 읽는 것을 최우선으로 하라. 이렇게 하는 목적은 책을 다 읽지 못하는 습관을 고치는 것이다. 아마도 앞부분의 내용을 잊었다고 말하는 사람도 큰 틀은 기억하고 있을 것이다. 예를 들어, 커뮤니케이션에 대한 책이라면 '이 책에는 프레젠테이션에 대한 내용은 나오지 않는다' 정도는 기억할 것이다. 이 정도만 알고 있어도 충분히 기억하고 있는 것이다.

앞에서 이야기한 대로 인간은 기본적으로 망각의 동물로, 아무리 노력해도 잊게 된다. 때문에 잊어버렸다고 생각하면 '나중에 또 확인하면 되지'라는 마음을 갖고 무조건 계속 읽어나간다. 이것에 익숙해지면 모든 내용을 확실하게 기억하지는 못해도 '앞부분은 세대차이로 인해 벌어지는 이야기고, 중반은 남녀 사이에서 벌어지는 이야기다'라는 식으로 책의 전반적인 내용을 머릿속으로 그릴 수 있다.

책을 끝까지 읽는 습관을 몸에 익힌다

의지를 갖고 빨리 읽으려고 할 때 그 의지를 유지하기 위해서는 집중력이 필요하다. 집중력에는 개인차가 있으므로 책을 읽는 수준도 다르다. 어떤 사람이 완독에 도전할 때, 그 책을 다 읽기도 전에 빨리 읽으려는 의지를 상실할지도 모른다. 이때는 역발상을 해야 한다. 집중력이 유지되는 곳까지 빨리 읽고, 집중력이 떨어지면 일단 책 읽기를 멈춘다. 이렇게 반복하다 보면 책을 끝까지 다 읽을 수 있다.

우리 독서 교실을 수료한 학생 중 한 명은 5분이면 한 장을 다 읽는다. 그는 매일매일 5분씩 한 장을 읽으며 일주일에 한 권을 다 읽는 습관을 만들었다. 그는 아무리 빨리 읽으려고 해도 한 권을 끝까지 읽을 때까지 집중력을 유지할수 없다고 했다. 하지만 5분 정도라면 집중력을 유지할 수있다고 생각했고, 그렇게 계속해서 읽었더니 책에 집중할수 있었다고 한다.

결과적으로는 하루 30분씩 일주일 동안 한 권을 읽었더니연간 60권 이상을 읽게 되었고, 이런 식으로 3년 이상 독서를 계속할 수 있었다고 한다.

또 독서는 회사 업무와는 달라서 언제부터 시작해서 언제까지 끝내야 한다는 제한이 없다. 따라서 책을 빨리 읽으려는 마음이 사라지기 전에 전력질주를 해서 집중력을 회복해야 한다. 이런 방식을 반복하면 다른 일에 지장을 주지 않고 책을 읽을 수 있다.

의지를 갖고 책을 빨리 읽는 중에 만일 읽는 속도가 떨어지는 느낌이 들거나 피로가 몰려온다면 구간을 나눠서 적당한 곳에서 쉬는 것이 좋다. 결과적으로 한 권의 책을 지금보다 더 짧은 시간에 읽을 수만 있다면, 행동 이미지를 만드는 시간과 실제로 행동할 수 있는 시간을 충분히 만들어낼 수 있기 때문이다. 처음에는 구간을 많이 나누어서 읽는 방법을 시도해보고, 점차 속독에 익숙해지면 구획의 수를 줄인다. 초조해하지 말고 자기 자신이 할 수 있는 범위부터 착실하게 해나가도록 하자.

전반과 후반을 먼저 읽는다

비즈니스 관련 책을 보면 대부분 앞부분에 짧은 결론이 나오고 다음에 구체적인 예를 제시한다. 그리고 마지막에 결론으로 정리하는 식으로 구성되어 있다. 이런 책을 읽을 때는 맨처음 나오는 짧은 결론과 마지막 결론을 먼저 읽자. 그리고 중간에 있는 구체적인 사례는 가능한 한 속도를 내서 읽도록 한다. 결론을 알고 있기 때문에 중간에 나오는 사례는 훑어만 봐도 빠르게 이해할 수 있다. 이렇게 내용에 따라 읽는 속도를 차별화하면 빠르게 읽을 수 있다.

구체적인 예를 읽을 때는 '스타벅스를 예로 들어서 무엇인가를 논하고 있다' 정도로 이해하고 가능한 한 빨리 속도를 내서 읽는다. 그렇게 하면 전체적으로 책 한 권을 읽는 시간을 짧게 줄일 수 있다. 책 내용을 구체적으로는 몰라도 결론 부분, 즉 책을 통해 전달하려는 저자의 생각을 이미지로 그려낼 수 있다면 큰 틀의 이미지도 상상할 수 있다. 이런 부분에서 시간을 벌면 빨리 읽는 습관을 익히기 쉽다. 만일 세세한 내용이 아주 많은 책이라면 목차에서 문장 전체의 흐름과 저자가 전달하려는 핵심 이미지를 파악한다. 그러고 나서 이 방법을 활용해보자.

지금은 어디까지나 '내용을 기억하는 것'보다는 '한 권을 다 읽는 성취감을 맛보는 것'에 최우선 순위를 두고 빠르게 읽는 습관을 들이는 것에 집중해야 한다.

얼마나 빨리
읽어야 할까

　　　　　　　　　　　빨리 읽는 습관을 들이는 방법을 살펴보았는데, 그렇다면 어느 정도로 빨리 읽어야 할까? 기본적으로는 지금 자신이 읽는 속도보다 빨리 읽으려는 의지만 있으면 충분하다. 다만 이상적인 빠르기는 1쪽을 읽을 때 10초 이내이다. 시간적으로 여유가 있어도 책을 읽으면서 생각을 많이 하면 빠르게 읽을 수 없다. 책을 읽으면서 생각을 너무 많이 하는 경우는 다음 두 가지가 있다.

1. 말에서 이미지를 만들지 못해서 힘들어하는 경우

2. 이미지를 선명하게 만들 수 있지만 자기 자신이라면
   어떻게 할지를 생각하는 경우

말에서 이미지를 만들지 못해서 힘들어하는 사람은 그냥 계속 읽으면 된다. 책을 계속 읽다 보면 전체적인 모습이 보이면서 이미지를 만들기 쉬워질 것이다. 부분적인 문장만 보고 '이미지를 만들 수 없다'고 섣불리 생각하여 포기하지 말자. 생각을 깊게 하지 말고 빨리 읽는 것이 중요하다.

'과연 나라면 어떻게 할까?' 이런 생각에 빠지는 경우가 있다. 이때도 멈추지 말고 읽어나가다 보면 나도 모르는 사이에 문제를 바라보는 관점이 넓어져 있음을 발견할 수 있다. 자신에게 적용한 이미지를 선명하게 그릴 수 있다면 책한 권을 다 읽은 후에도 그 이미지를 떠올렸던 정보는 반드시 기억하게 된다. 그러므로 걱정하지 말고 먼저 한 권을 다읽어보도록 하자.

글자를 읽지 말고 시야에 글자를 넣는다

책을 빠르게 읽는 기술로 글자를 읽지 않고 책에 있는 글자를 눈으로 훑어보는 방법이 있다. 문장에 시선을 두되 단어를 기억하려고 노력하지 않는다. 말의 의미를 알았다면 다음 단어로 넘어가도록 한다. 다음 단어를 볼 때 앞에서 본 단어가 무엇이었는지 기억할 필요가 없다. 단어를 그냥 보았을 때 만일 모르는 단어라면 '알지 못하는 단어'라고 인식하고 다음 단어로 넘어간다.

한 쪽의 문장을 이미지 보듯이 본 후 세부적으로 어떤 단어를 사용했는지를 찾아서 확인하는 식으로 쓱 지나간다. 예를 들면 '틀린 그림 찾기'를 하는 것과 같다.

"두 개의 그림이 있다. 두 그림에서 다른 부분을 찾아보라"는 문제가 제시되었다고 가정해보자. 그럼 두 그림을 비교하며 열심히 볼 것이다. 먼저 전체적으로 그림을 살펴보고 '바다 풍경이구나'라는 상황을 인식한 후 꼼꼼하게 '틀린 그림 찾기'를 시작한다. 나중에 '틀린 그림 찾기'를 다시 보면 틀린 그림이 어디 있었는지는 생각나지 않을 수 있다. 그러나 '거리나 항구의 풍경 속에서 찾았다'는 이미지는 틀림

없이 떠오를 것이다. 머릿속에서 음성화하지 못하도록 문장을 그림처럼 보고 빠르게 읽어나가자.

단어 단위로 '보고 이해'한다

만일 책 읽는 속도가 빨라지지 않는다면 먼저 2장의 '소리 내어 읽지 않으면 더 많이 기억할 수 있다'의 '페페로치노'를 예로 들어 설명한 부분을 보자. 앞에서 소개한 것처럼 문장을 글자 단위로 잘라서 '보고 이해'하는 것에 집중해야 한다. 한 글자 한 글자 소리 내서 읽는 것에서 보고 이해하는 것으로 바꾸기만 해도 읽는 속도가 확실히 빨라진다. 사람에 따라서는 2배 빠른 속도로 읽을 수도 있다. 먼저 이것부터 시작해도 충분히 빨리 읽을 수 있다.

단어 단위로 보고 이해하는 습관이 아직 생기지 않았다면 주요 단어와 접속사, 문장 끝의 어미에 주목해보자. 단어 사이에 오는 조사는 의식하지 않도록 한다. 예를 들면《만약 고교야구 여자 매니저가 피터 드러커를 읽는다면》이라는 책에 다음과 같은 문장이 있다.

그렇다면 야구부의 고객은 도대체 누구인가? 야구장에 야구를 보러 오는 손님인가? 그러나 그것 역시 아닌 것 같다는 생각이 든다. 야구부의 정의가 '야구를 하는 사람' 이 아닌 것처럼 야구부의 고객이 '경기를 보러 온 손님'은 아니라는 느낌이 들었다.

위의 문장에서 주요 단어와 접속사, 문장 끝의 어미만을 살펴보면 다음과 같은 느낌일 것이다.

그렇다면 야구부 고객 누구인가? 그럼 야구장 보러 오는 손님인가? 그러나 아닌 것 같다는 생각이 든다. 야구부 정의 '야구를 하는 사람' 아닌 야구부 고객 '경기 보러 온 손님'은 아니라는 느낌 들었다.

실제로 문장을 본다면 단어와 단어 사이에 있는 글자에도 시선이 가기 때문에 위에서처럼 문장을 나눈다는 느낌은 받지 않는다. 즉 문장을 묵독하지 않고 머릿속으로 음성화하지 않도록 주의하면서 읽어도 전달하려는 이미지를 떠올릴 수 있다. 만일 부분적으로 이미지를 떠올릴 수 없다고 해도 빨리 읽으면 나중에 다시 생각할 시간이 생긴다. '무슨 말인지' 깊게 생각할 시간을 확보할 수 있기 때문에 책을 읽을 때는 무조건 속도에 신경을 써야 한다.

디지털 기기를 활용한다

'보고 이해'하는 감각을 몸에 익히는 데는 전자책도 좋은 수단이다. 특히 SNS에 올라오는 기사는 읽기보다는 보고 이해하는 것에 가까운 감각으로 읽는다. 이와 같은 감각으로 전자책의 문장을 보고 이해하는 연습을 한다. 다만 어느 정도 익숙해지면 종이책으로 바꾼다.

지금까지 내가 지도해온 사람들도 전자책을 읽는 속도는 빨랐는데, 종이책을 읽으면 속도가 떨어지는 사람이 꽤 있었다. 그 이유로 종이책은 폭과 글자 크기를 변경할 수 없다는 점 등 다양한 원인이 있겠지만, 아마도 역시 가장 큰 이유는 '종이책=국어(공부)'라는 이미지가 반사적으로 작용해서 한 자 한 자 읽는 방법으로 되돌아가기 때문일 것이다.

그러나 종이책도 실제로 읽는 일 그 자체는 SNS나 전자

책을 빠르게 읽고 이해하는 것과 같다. 메뉴를 읽지 않고 보면서 이해할 수 있는 사람이라면 종이책도 똑같이 할 수 있다. 만일 종이책으로 실천했을 때 책 읽기가 늦어진다고 느꼈다면 인터넷이나 전자책으로 '보고 이해'하는 감각을 되살린 다음에 다시 도전해보자.

머릿속에 남아 있는
단어와 문장을 쓴다

　　　　　　　　빨리 읽는 습관이 들었다면
이번에는 책을 읽은 뒤 머릿속에 남아 있는 단어와 그려지
는 이미지를 글로 써보자. 정보를 이끌어내는 방법은 4장에
서 자세하게 소개할 것이므로, 여기에서는 머릿속 정보를
어떻게 정리하면 좋은지를 살펴보자. 예를 들어, 장마다 나
눠서 읽는 경우 한 장을 읽을 때마다 내용을 뽑아서 써보
자. 또 장을 나눠서 읽을 때는 1장부터 순서대로 읽을 필요
가 없다. 제목을 보고 흥미를 느끼는 장부터 읽어도 된다.

　내용을 뽑아 쓸 때 처음에는 머릿속에 남아 있는 단어를

<u>쓴다</u>. 단어 몇 개를 쓰고 난 뒤 그 단어를 보면 주변에 있던 단어와 문장을 이미지로 그릴 수 있다. 그리고 그 단어 주변에 있는 단어 쓰기를 반복하면 문장 차원의 정보가 된다. '머릿속에 남아 있는 단어 → 주변에 있던 단어와 문장 이미지', 이런 식으로 흐름을 파악할 수 있다.

머릿속에서 이미지로 변환된 내용을 쓴다

이때는 조건이 하나 있다. 앞에서 설명한 '빨리 읽기'를 제대로 해야 한다는 것이다. 문장을 천천히 읽으면 고속도로에서 일반도로에 들어섰을 때와 같은 착각 때문에 가소성(可塑性, 환경 변화에 적응하고 대처할 수 있는 능력)을 만들어낼 수 없다. 가능한 빨리 읽고 머릿속에 얼마만큼 남기는지가 중요하다. 천천히 읽으면 바로 앞부분의 말이나 문장은 쓸 수 있다. 그러나 더 먼저 읽은 부분은 생각해내기 힘들고 가소성도 끌어낼 수 없다.

무조건 책 <u>한 권을 다 읽고 난 뒤 머릿속에 남아 있는 말</u>

과 문장을 써봐야 한다. 글로 쓸 때는 책의 내용과 완전히 동일한 문장으로 쓸 필요는 없다. 예를 들어, 《스프린트》를 읽었다고 하자. 이 책에서는 5일 동안 몇 달 분량의 일을 할 수 있는 기획실행 프로세스에 대해 이야기하는데, '블루보틀 커피'와 '슬랙(Slack, 협업 메신저 도구)' 등을 주요 사례로 들고 있다.

만일 이 책에서 '지도: 문제를 도표로 나타내기'라는 장을 읽었다면 "프로토타입의 구조를 생각하는 데 사용한다"라는 내용을 그대로 쓰는 것이 아니라 자신의 입장에서 서비스나 상품의 흐름을 문장으로 나타내는 것이다. 문장으로 쓰는 것이 어렵다면 흐름도처럼 단어를 화살표로 연결하는 방식으로 실제 지도를 그려보자. 어느 쪽이든 책에 있는 문장 그대로가 아니라 내 머릿속에서 내 상황에 맞는 이미지로 변환시킨 후 기억에 남는 내용을 쓰는 것이 중요하다.

아이디어를 발전시켜
행동으로 연결한다

자기 나름의 표현으로 써내려가다가 생각나는 것이 있다면 그것도 함께 쓴다. 책의 내용에서 벗어나도 좋다. 오히려 자신의 뇌에서 이미지로 변환한 내용을 쓰는 것이기 때문에 경우에 따라 자신의 주변 환경이나 일상생활과 연결된 내용을 쓸 수도 있다. 또 이미지를 넓혀가다 보면 비즈니스 힌트나 새로운 아이디어가 떠오를 수 있다. 내 경험을 예로 들어보면 과거에 《성공하는 사람들의 7가지 습관》을 읽고 거위와 황금알에 대해 쓴 적이 있다.

내용을 모르는 사람을 위해서 간단하게 줄거리를 말해보면, 거위와 황금알 이야기는 이솝우화다. 한 농부가 기르는 거위가 하루에 한 개씩 황금알을 낳았고 그 알을 팔아 농부는 부자가 되었다. 그러나 하루에 한 개의 황금알을 낳는 거위에게 부족함을 느낀 농부는 거위의 배를 가르면 더 많은 황금알이 있을 것이라고 생각했다. 그렇게 거위의 배를 갈랐지만 뱃속에 황금알은 없었다. 결국 황금알을 낳는 거위만 죽은 것이다.

나는 황금알을 P(Performance, 수행), 거위를 PC(Performance Capability, 수행 능력)라고 생각했고 두 개의 균형이 중요하다고 썼다. 이 내용을 쓰면서 '나에게 PC는 바로 속독 교실을 여는 계기를 만들어준 사람'이라는 이미지를 떠올렸다. 그때 '아하, 그럼 그 사람에게도 PC의 존재가 있겠구나'라는 생각이 문득 떠올랐다.

속독 교실을 비롯해서 그 당시 나는 다양한 활동을 하고 있었는데, '나에게 PC의 존재가 되는 그 사람의 PC'를 찾아 썼더니 대부분 같은 사람에게 도달한다는 것을 알아차렸다. 그렇게 나는 PC의 PC를 찾았고, 그 덕분에 직장인으로서 승진도 하고 독립하여 창업한 후 속독 교실을 시작할 수 있었다. 다시 말하면 내가 하는 모든 활동에서 높은 성과를 거두었다. 아마도 책에 나와 있는 내용만 썼다면 내 PC만을 확인하는 것에서 끝났을 것이다.

실제로 써보고 나니 '책에 있는 내용보다 비약해서 써도 좋다'라는 편안한 마음이 생겼다. 그리고 쓴 내용을 보면서 생각하다 보니 생각을 확장할 수 있었고, 더 풍부하게 이미지를 그릴 수 있었다. 이처럼 아이디어는 '그렇다면? 결국에는?' 이런 식으로 한순간 떠올랐다가 바로 잊어버리는 경우가 많기 때문에 글을 쓸 때 떠오르는 순간 쓰는 것이 좋다.

책 내용에서 벗어난 어떤 것이 머릿속에 떠오른다면 앞에서 예로 든 것처럼 'PC의 PC로 거슬러 올라간다'는 식으로 계속해서 상상한다. 생각을 멈추지 않는다면 그 포인트를 넘어서기 쉽다. 실제로 책 내용을 기억하는 대부분의 경우 '자신이 만들어낸 이미지'를 기점으로 생각한 것이다. 이른바 방아쇠의 역할을 하는 이미지가 있어야만 비로소 문장의 내용을 기억할 수 있다. 그리고 그 이미지는 오직 자신만이 갖고 있는 과거의 경험이고, 자신의 주변 환경에 의해 만들어진 것이다. 따라서 나의 아웃풋은 자연스럽게 책에 나와 있는 문장과 다른 내용이 나올 수밖에 없다.

내 입장에서 바꾸어 생각한다

내가 옛날에 투자 공부를 했을 때 이야기다. 투자 선생님이 거래 규칙을 가르쳐주었고, 그대로 거래하려고 했는데 잘되지 않아 괴로워하고 있었다. 나는 선생님이 가르쳐준 대로 엄격하게 규칙을 지키지 않았기 때문이라고 생각했고, 당시 프로그래밍했던 프로그램에 그 규칙을 집어넣었다. 내 주관을 개입하지 않고 규칙만 엄수해서 거래하기 위해서였다. 하지만 가르쳐준 규칙을 로직에 넣었는데도 웬일인지 투자 선생님과 거래 타이밍이 달랐다. 당시 성과가 나지 않아 나는 정말 괴로웠다.

같은 시기에 기상 데이터를 활용해서 예측 모델을 만드는 프로젝트를 맡은 적이 있다. 그런 예측 모델은 현장에서 직감으로 하는 작업이었기 때문에, 처음부터 어떤 방식으로 예측하고 의사결정을 하는지가 명확해야 했다.

현장의 사람들은 말이나 프로그램 모델로 어떻게든 표현하려고 했지만 제대로 되지 않아 괴로워했다. 그들의 이야기를 들어도 좀처럼 예측 모델은 보이지 않았다. 무엇인가 돌파구를 찾아내지 않으면 앞으로 나아갈 수 없는 상황이었다. 그때 '의사결정'이라는 키워드를 접했고 마침 서점에서 《와튼스쿨의 의사결정론^{ウォートンスクールの意思決定論}》이라는 책을 발견했다.

이 책은 경영자 관점에서 의사결정에 대한 이야기를 하고 있었는데, 기상 예측 모델과는 전혀 관계가 없을 것 같았다. 하지만 '의사결정'이라는 키워드와 관련된 책이 서점에 별로 없었고, 직장인에게 필요한 독서가 무엇인지에 대해 생각하다 보니 어떤 식으로든 계기를 만들 수 있을 것 같았다. 그래서 나는 주저하지 않고 책을 구입했다.

그렇게 읽어가던 중 '모델과 직감'에 대한 내용을 보게 되었다. 간단하게 그 내용을 정리하면 다음과 같다. 모델만을 보고 판단하거나 전문가의 직감만으로 판단하는 것보다 모델과 직감을 조합하면 정확도를 높인다는 것이다. 그리고 그런 사례의 통계 데이터를 보여주면서 어떻게 모델과 직감을 조합하면 좋은지에 대해 논하고 있었다.

그 내용을 읽어보고 나는 '내 프로젝트로 바꾸면…'이라는 생각으로 이미지를 넓혀보려고 했다. 문득 순간적으로 '이런 방법을 투자에 적용시켜 본다면'이라는 생각이 떠올랐다. 그리고 규칙에 따라 자동적으로 매매하는 것이 아니라 거래 조건이 충족되면 나에게 메일을 발신하도록 만들었다. 그 메일을 받아보고 최종적인 매매 판단은 내가 직접 하면 되겠다는 아이디어가 떠올랐다.

가격 변동에 대한 분석은 프로그램이 하고, 시사와 경제 정보를 보고 판단하는 것은 직감을 이용했다. 그리고 각각의 불완전한 것을 보충하도록 설계했다. 그러자 투자 선생님과의 거래 타이밍을 비슷하게 맞췄고 수익률도 올라갔다.

이 책은 투자와 상관없이 읽기 시작했지만 책에 있는 내용을 계기로 내가 갖고 있는 고민을 해결할 수 있었다. 이처럼 직장인은 독서를 할 때 책에 있는 내용에 따라 해석되는 이미지만 생각하지 말고 자신의 입장에서 생각해봐야 한다. 이런 의미에서 책에 있는 문장 그대로가 아니라 <u>책 밖에 있</u> <u>는 단어로 써보면 더 많은 아이디어를 만들어낼 수 있다.</u>

나를 성장시킬 수 있는 방법을 찾는다

독서에 대해서 쓰라고 하면 국어 과목 숙제였던 독서 감상 문을 반사적으로 떠올린다. 그래서 책에 나와 있는 말과 문장을 따라 자신의 감상을 써 내려가는 버릇이 생겼을 수도 있다.

우리 독서 교실에서는 《거미줄 도로코》를 읽는다. 《거미줄 도로코》는 두자춘이라는 사람이 엄청난 돈을 갖는 것보다 가족이 중요하다는 것을 깨닫는 이야기이다. 중국에서 전래되는 〈두자춘〉에 관한 소설을 아쿠타카와 류노스케芥川龍之介가 각색한 교훈적 이야기다. 처지에 따라 변하는 인간의 무정함에 환멸을 느낀 두자춘이 인간의 신분을 넘어서 선인이 되기로 하자 노인은 그를 시험에 들게 한다. 하지만 마지막 관문에서 두자춘은 부모와의 정을 저버리지 못해 선인이 되지 못한다. 그리고 이 또한 덧없음을 깨닫게 된다.

이 책을 읽고 '나도 가족을 소중히 여겨야겠다'라든가 '돈이 전부가 아니다'라는 글을 쓴다면 그것은 단순한 독서 감상문에 지나지 않는다. 이 이야기를 읽은 후 내가 하고 있는 일에 적용해보거나 '친구를 업신여기고 돈에 집착하고 있지 않은가?'라는 질문을 하며 자신을 되돌아본다. 그리고 거기서 중요한 점을 발견하고 어떻게 개선할 것인지에 대해 쓰는 것이 사회인에게 요구되는 독서의 결과물이다. 초등학생이나 중학생 때 썼던 독서 감상문과는 다른 결과물, 즉 점수와는 상관없는 결과물이다.

물론 이야기에 따라서 모범적인 감상문을 쓰는 것도 어휘력을 기르거나 문장을 올바르게 이해하기 위한 중요한 과정이다. 그러나 어느 정도 어휘력이나 문장 이해 능력이 생겼다면 이번에는 읽은 내용을 자신의 상황으로 바꾼 후 자신을 더욱더 성장시킬 수 있는 행동을 시뮬레이션해보고 실제로 행동하는 이미지를 만들자.
행동으로 옮기는 이미지를 선명하게 그릴수록 실제 행동

으로 옮길 때 불안감이 줄어들고 호기심이 생겨나기 때문에 실행력을 끌어올릴 수 있다. 실행력이 올라가면 더 좋은 환경으로 변화시킬 수 있고, 이는 새로운 경험을 쌓는 것으로 연결되기 때문에 '책×환경×경험=이해력'의 수준이 올라간다.

가장 빨리, 가장 짧은 시간에 책을 읽는 방법

1_ **빨리 읽는 습관을 들인다.**
- 앞으로 다시 돌아가지 않고 계속 읽는다.
- 책은 끝까지 읽는 것을 우선으로 한다.
- 집중력이 유지될 때까지 읽는다.
- 집중력이 회복되면 다시 읽기 시작한다.
- 처음과 마지막에 있는 결론을 먼저 읽는다.

2_ **생각할 여유가 없을 정도로 빠르게 읽는다.**
- 읽는다기보다는 책에 있는 글자를 그냥 눈으로 훑어본다.
- 한 자 한 자 따라 읽지 말고 '보고 이해'하기로 전환한다.
- 전자책을 이용해서 '보고 이해'하는 감각을 익힌다.

3_ **머리에 남아 있는 단어와 문장을 쓴다.**
- 머릿속에 이미지로 남아 있는 말을 단어와 문장으로
  써내려간다.

4_ **아이디어를 발전시키고 행동으로 연결한다.**
- 생각나는 아이디어가 있으면 그것도 함께 써 내려간다.
- 자신의 상황에 적용한다.
- 행동하는 이미지를 만든다.

제4장

한 권을 읽어도
결과를 만드는
3X 독서법

빠르게 다독하는
'3X 리딩'

　　　　　　　　　　실제로 속독을 하면서 더 깊
게 이해할 수 있는 방법에 대해 살펴보자. 먼저 가능한 한
빠른 속도로 1~2회 정도 책을 읽어보자. 이때 다음 6가지
포인트를 의식하면서 책을 읽는다.

1. 평소 읽는 시간의 3분의 1로 줄이는 것을 목표로 한다.

2. 한 줄을 1초 이내에 본다.

3. 이해되지 않는 부분은 표시해두고 넘어간다.

4. 속독 모드로 전환한다.

5. '자기만족'보다도 '자기계발'이 먼저다.

6. 도구를 활용해 심리적 장애물을 뛰어넘는다.

평소보다 3배속으로 읽는다

책을 읽는 속도는 구체적으로 어떤 책을 읽느냐에 따라 달라질 수 있다. 또 어떤 종류의 책에 익숙해져 있는지에 따라서도 속도는 변할 수 있다. 일반적인 속독 기준은 평소에 책한 권을 읽는 데 걸리는 시간을 3분의 1로 줄이는 것을 목표로 한다.

1시간 30분 동안 책 한 권을 읽는 사람이라면 30분 이내로 시간을 단축한다. 300쪽 이상으로 쪽수가 많은 책을 빨리 읽다 보면 집중력이 떨어질 수 있다. 이럴 때는 전반과 후반으로 나눠서 읽어도 좋고, 챕터별로 나눠서 읽어도 좋다. 이때도 1장부터 순서대로 읽을 필요는 없고, 흥미 있는 장부터 읽는다. 물론 그 이상의 속도로 읽을 수 있는 사람이라면 자신이 가장 빨리 읽을 수 있는 속도로 읽는다.

평소 독서 속도의 3배속으로 읽는다

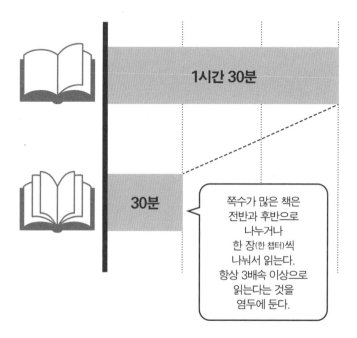

1시간 30분

30분

쪽수가 많은 책은
전반과 후반으로
나누거나
한 장(한 챕터)씩
나눠서 읽는다.
항상 3배속 이상으로
읽는다는 것을
염두에 둔다.

한 권을 1시간 30분 동안 읽는 사람이라면
30분 정도로 읽는 시간을 단축한다.

한 줄을 1초 이내의 속도로 본다

어느 정도의 속도로 읽으면 좋은지 감이 잘 잡히지 않는다면 한 줄에서 시작 글자를 보고 난 후 바로 그 줄의 마지막 글자를 보는 방식으로 읽기를 진행한다.

줄의 시작 글자를 보고 나서 마지막 글자를 볼 때까지 시간은 1초 이내가 기준이다. 체감적으로는 쓱 훑으면서 읽는 속도다. 이때 '그런 속도로 읽으면 무슨 내용인지 알 수 없고, 전혀 기억할 수도 없다'라고 걱정할 수 있지만 그럴 필요없다.

예를 들어 106쪽 소제목 아래 줄의 시작 글자(맨처음 글자)인 '책'에서 마지막 글자 '달'을 본 후 그 사이에 있는 글자들 위로 시선을 옮기면서 마지막 글자를 본다. 결국 읽는다고 의식하지 않아도 사이에 있는 글자를 시야에 넣어 파악할 수 있다.

속독 교실에서 지도할 때 한 수강생에게 "이렇게 빠른 속도는 감당할 수 없다"라는 말을 들었다. 그러나 동일한 책을 다시 읽었을 때, 특히 전반부를 보면서 '아, 이 내용이었지'라고 생각나는 부분이 있을 것이다. 빨리 읽지 않더라도 2번, 3번 그리고 여러 번 읽었을 때 똑같은 경험을 해본 사람이 더 많을 것이다. 이처럼 내용을 기억하고 있다는 느낌이 전혀 없어도 다시 보았을 때 '이런 내용이 있었지'라고 인식한다는 것은 머릿속에 그 내용이 이미 들어 있는 것이다.

내가 갖고 있는 문제와 관련된 내용이거나 흥미가 있는 내용이라면 빠른 속도로 보아도 무의식적으로 그 말과 문장을 담으려고 한다. 그리고 나중에 생각하면 '여기에 있었구나'라고 기억이 난다. '설마 그럴까?'라고 생각할 수 있지만, 시야에 포착된 정보는 반드시 한 번은 머리에 저장된다.

머릿속으로 들어간 순간부터 점점 잊히기 때문에 '머릿속에 저장되지 않았다'고 생각할 수 있다. 그러나 그것은 기억을 못하는 것이 아니라 기억된 정보를 끌어내지 못하기 때문이다.

속독 검정 시험에 합격하고 속독 대회에 나갈 때 나는 잊어버리기 전에 다 읽고 문제에 대답하려고 했다. 시야에 들어온 정보를 잊어버리기 전에 문제의 답을 말한다면 빨리 읽고 더 많은 정답을 맞힐 수 있을 것이라고 생각했다. 물론 머릿속에 들어가는 동시에 점점 잊히기 때문에 모든 문제를 완벽하게 풀 수는 없었지만 결과적으로 속독 대회에서 1등을 차지했다.

눈으로 본 단어나 문장을 그대로 암기해서 쓸 수도 있지만 결국 시간이 지나면 잊히게 된다. 당시에는 직장인이었고 소프트웨어 업계에 종사하고 있었기 때문에 '컴퓨터보다 정확하게 기억할 수 없다'고 생각했다. 따라서 속독을 더 능숙하게 잘하고 싶다는 생각을 하지 않았다. 하지만 지금은 속독을 잘 활용하면 이해력을 높일 수 있고, 인생을 더 좋은 방향으로 바꿀 수 있다고 생각한다.

주제에서 약간 벗어나긴 했지만 유소년기나 청소년기에는 교과서에 있는 내용을 그대로 기억하는 것에 가치를 둘 수 있다. 그러나 직장인이 되면 교과서가 없고, 참고할 만한 책이 있다고 해도 제대로 된 답이 나와 있는 경우는 많지 않다. 때문에 있는 내용을 그대로 기억하는 것이 큰 가치가 없다.

먼저 책 전체를 한 번 훑어보고 많은 것을 머릿속에 넣는 것부터 시작하라. 머릿속에 들어간 정보를 이끌어내고 생각하는 힘을 기르는 방법에 대해서는 다음에 설명할 것이다.

고 있는 과거의 경험이고, 자신의 주변 환경에 의해 만들어
진 것이다. 따라서 나의 아웃풋은 자연스럽게 책에 나와 있
는 문장과 다른 내용이 나올 수밖에 없다.

내 입장에서 바꾸어 생각한다

내가 옛날에 투자 공부를 했을 때 이야기다. 투자 선생님이
거래 규칙을 가르쳐주었고, 그대로 거래하려고 했는데 잘
되지 않아 괴로워하고 있었다. 나는 선생님이 가르쳐준 대
로 엄격하게 규칙을 지키지 않았기 때문이라고 생각하고
당시 프로그래밍했던 프로그램에 그 규칙을 집어넣었다. 내
주관을 개입하지 않고 규칙만 엄수해서 거래하기 위해서였
다. 하지만 가르쳐준 규칙을 로직에 넣었는데도 웬일인지
투자 선생님과 거래 타이밍이 달랐다. 당시 성과가 나지 않
아 나는 정말 괴로웠다.

같은 시기에 기상 데이터를 활용해서 예측 모델을 만드는
프로젝트를 맡은 적이 있다. 그런 예측 모델은 현장에서 진

가장 빨리, 가장 짧은 시간에 책을 읽는 방법　　　95

줄의 시작 글자(첫 글자)를 보고 나서
마지막 글자를 1초 이내에 본다.

이해되지 않는 부분은 표시해두고 넘어간다

책을 읽으면서 이해되지 않는 문장이나 단어가 나와도 읽기를 멈추지 말아야 한다. 마음에 걸리는 부분이 있다고 해서 앞부분으로 다시 돌아가면 그만큼 책 읽는 속도만 느려질 뿐이다. 앞에서도 이야기했지만 책 읽기가 느린 사람들에게서 자주 볼 수 있는 행동이다. 책을 읽지 않고 생각만 하다 보니 한 권을 다 읽을 때까지 집중력을 유지할 수 없다.

다음에 나올 문장을 보면 해결할 수 있는데도 도중에 멈춰 생각을 하다가 시간을 허투루 써버린다. 이런 사람은 먼저 책을 끝까지 읽는 습관을 기르자. 책을 끝까지 다 읽고 성취감을 맛보면 '좀 더 읽고 싶다!'는 의욕이 생기고, '책을 더 많이 읽으려면 빠르게 읽는 것이 필요하다'라는 생각으로 자연스럽게 속독을 하게 될 것이다.

아무리 읽어도 이해가 되지 않는 부분에는 쪽지를 붙여서 표시해두고 계속해서 읽어나간다. 이해되지 않는 부분을 표시할 때 책 한쪽 모서리를 접거나 필기도구로 표시하지 않는다. 그 이유는 무엇일까? 나중에 책을 다시 읽을 때 접은 부분이나 필기 흔적을 보면 아무래도 그곳에만 눈이 가기 때문이다.

책을 읽고 실제 행동으로 옮겨보면서 경험을 쌓은 후에 다시 한 번 같은 책을 읽어보자. 처음 읽을 때보다 이해가 더 잘 될 것이다. 처음 읽을 때는 중요하게 생각하지 않았던 부분에서 중요한 내용을 발견할 수도 있다.

좋은 책은 읽을 때마다 그 시점에서 자신에게 필요한 깨달음이나 아이디어를 준다. 이미 이해하고 있는 부분을 10번 반복해서 읽는다고 해도 새로운 아이디어는 떠오르지 않는다. 그냥 공감만 할 수 있을 뿐이다. 이전에 읽었을 때 알아차리지 못했던 깊은 의미를 다시 읽어서 깨달아야만 비로소 자신을 성장시킬 수 있는 열쇠가 된다. 그리고 자신이 성장하기 전에는 이해하지 못하는 내용이 있는 쪽을 접거나 필기도구로 표시해서는 안 된다. 그런데도 한쪽 모서리를 접거나 필기도구로 표시하는 것이 좋다고 생각하는 사람들은 같은 책을 두 권 사도록 한다.

속독 모드로 전환한다

지금까지 습관적으로 해온 묵독(음독) 습관을 버리고 속독 모드로 전환하는 방법을 설명했다. 후각, 청각을 자극하는 방식으로 주변 독서 환경을 정리하는 방법이었다. 여기에서는 책을 읽을 때 내가 실제로 실행하는 '속독 모드 전환법'에 대해 설명하려고 한다.

먼저 책을 읽을 때 시선(눈높이)과 책상이 가급적 평행이 되는 위치에서 책을 펼치도록 한다. 특히 서서 책을 읽는 사람이 많은데, 시선을 아래로 하고 책을 읽으면 머리나 어깨에 부담이 가고 피로해지기 쉽다. 다만 완전하게 평행을 이루면 책을 잡고 있는 팔이 힘들 수 있다. 가급적 목을 꺾지 말고 편하게 책을 잡을 수 있는 위치에서 보도록 한다.

책을 읽을 때는 서서 읽어도, 앉아서 읽어도 상관이 없다. 사람에 따라서 '서서 읽으면 집중해서 읽을 수 있다'고 하는 경우도 있고, '앉아서 읽을 때 집중할 수 있다'고 말하는 경우도 있다. 개인마다 집중할 수 있는 자세가 다르기 때문에 자신에게 맞는 편한 자세를 찾은 후 속독 모드로 전환한다.

만일 앉아서 읽는 경우에는 등받이에 기대지 말고 의자에 살짝 걸터앉는 느낌으로 앉는다. 그렇다고 해서 등을 구부려서 앉거나 너무 꼿꼿하게 쭉 펴서 앉을 필요는 없다. 그 중간 정도의 느낌으로 편안하고 자연스럽게 앉는다. '자세를 바르게!'라고 하면 등을 똑바로 펴고 앉는 상태를 생각하겠지만, 사람의 등은 부드러운 S자 곡선을 그리고 있다. 따라서 등을 똑바로 펴고 앉는 자세는 바른 자세가 아니다.

등을 똑바로 펴면 실제로 몸에 상당한 부담을 주게 되고, 그 자세를 계속 유지하면 피로감이 증가해 책을 읽는 데 집중하기 어려울 수 있다. 그렇기 때문에 책을 읽을 때 등을 무리해서 펴거나 구부정하게 앉지 말고 자연스럽게 S자 곡선을 그리도록 앉는다. 등을 똑바로 펴기보다는 골반을 세우려고 의식하는 것이 좋다.

만일 시간 여유가 있다면 눈 스트레칭을 통해 뇌를 활성화한 다음 책을 읽자. 뇌가 활성화되면 책을 빠르게 읽을 수 있다. 눈 스트레칭은 눈을 움직이는 것이기 때문에 직접 눈에 닿는 콘택트렌즈는 빼고 한다.

1. 양손의 엄지손가락을 세우고 양팔을 똑바로 앞으로 편 다음 머리를 움직이지 않고 0.5초 간격으로 좌우의 엄지손가락을 30초 정도 번갈아 본다.

2. 양손 검지손가락을 세우고 한쪽 팔은 앞으로 뻗어서 검지가 멀리 보일 수 있도록 하고, 다른 한쪽의 팔을 구부려서 검지손가락이 가깝게 보이도록 한다. 0.5초 간격으로 양쪽의 검지손가락을 번갈아가며 초점을 맞춘다. 30초 정도 진행한다.

3. 한쪽 검지손가락을 눈앞으로 가지고 와서 손가락 끝에 초점을 맞춘 다음 얼굴 정도 크기의 원을 그린다. 이때 10초 동안 한 바퀴를 그린다. 목을 움직이지 않도록 주의하면서 원을 왼쪽, 오른쪽으로 한 번씩 돌린다.

이 과정이 한 세트로, 두 번 정도 반복한다.

이처럼 가능한 편한 자세를 취하고 이완된 상태에서 바르게 책을 읽는 것을 습관을 들인다. 이런 자세를 취하면 '아, 지금부터 책을 빨리 읽겠구나'는 생각이 들어 자연스럽게 속독 모드로 전환할 수 있다.

1

양쪽 엄지손가락을 번갈아가며
30초씩 바라본다.

2

검지손가락을 번갈아가며
30초씩 바라본다.

3

얼굴 크기만 한 원을
10초 동안 손가락으로 그린다.

눈 스트레칭을 통해 뇌를 활성화하면
빠른 속도로 책을 읽을 수 있는 상태가 된다.

자기만족보다 자기계발이 먼저다

낯선 분야의 책을 속독할 때는 비교적 쉬운 책을 선택하는 것이 좋다. 어려운 책을 읽는 것은 '공부하고 있는 느낌'을 줄 수 있다. 그리고 얻는 것은 만족감뿐이고 제대로 된 지식이나 정보는 얻지 못하는 경우가 많다. 중요한 정보를 얻지 못하는 원인 중 하나는 책에서 이야기하는 배경지식에 온 신경을 다 쓰기 때문이다.

예를 들어, 비즈니스 책 중 대인관계 리더십에 관한 명저인 《데일 카네기 인간관계론》이라는 책이 있다. 분명 이 책은 본질을 매우 잘 꿰뚫고 있지만 저자가 미국인이기 때문에 미국을 배경으로 한 예가 많다. 미국에 대한 기초적인 이해가 있는 사람과 그렇지 않은 사람은 이 책을 읽을 때 감각적인 면에서 차이가 난다. 그런데 만화판(일본에서는 책을 만화판으로 내는 경우가 많은데 외서의 경우 일본인들이 이해하기 쉽도록 사례를 들어주기도 한다)이라면 일반적인 직장인이나 사업가의 환경을 사례로 들기 때문에 쉽게 읽을 수 있다. 미국에 대한 기초적인 이해가 없어도 일상생활에 가까운 상황이 무대가 되기 때문에 이미지를 만들기 쉽고 더 잘 읽을 수 있다.

직장인이 독서를 하는 목적은 현재 처해 있는 문제를 해결하는 것과 자신을 더 성장시키기 위해서다. 그 목적을 실현하기 위해 꼭 어려운 책을 선택할 필요는 없다. 문제 해결이나 자기계발로 연결되는 내용의 본질은 변하지 않기 때문이다. 예를 들어,《나와 조직을 살리는 실패학의 법칙》에는 다음과 같은 문장이 있다.

실패 경험에서 본질적인 부분을 이해하고 지식으로 만들기 위해서는 아주 작은 본인의 경험과 타인의 몇 가지 전형적인 실패 체험의 정보만 있으면 충분하다.

이에 대해 관심이 많은 사람이라면 이 책에 흥미를 갖고 서점에서 책을 살 수도 있지만, 전혀 흥미가 없는 사람은 이 책을 선택하지 않을 것이다. 앞에서 소개한《워렌 버핏 투자노트》에는 다음과 같은 문장이 있다.

인간은 경험에서 배우는데, 다른 사람의 경험에서 배우는 것만큼 좋은 것은 없다.

결국 다른 사람의 실패 경험을 통해 배우고 자신은 같은 실수를 하지 않는 것이 중요하다고 말한다. 앞에서 이야기한 것과 본질적으로 동일한 내용을 말하고 있다. 투자와 트레이딩에 흥미가 있는 사람이 이 책을 통해서 그것을 알게 되었다면 정말 좋은 일이다. 이처럼 어디까지나 책을 읽는 목적은 자기 자신을 더 성장시키기 위해서라고 생각하고, 지금 자신에게 맞는 책을 골라야 한다.

도구를 활용해 심리적 장애물을 뛰어넘는다

책을 빨리 읽는 환경을 만든다는 의미에서 '보고 이해'하는 연습을 할 때처럼 전자책을 이용하는 것도 하나의 방법이다. 영상을 기반으로 한 전자책은 문자 크기를 바꿀 수 없지만, 텍스트를 기반으로 한 전자책은 문자 크기를 바꾸는 것이 가능하다. 이런 전자책을 이용하면 자신이 빠르게 읽을 수 있는 글자 크기로 설정해서 책을 읽을 수 있다.

특히 책이 두꺼워서 보는 것만으로도 저절로 방어 자세를 취하게 되는 경우도 있는데, 전자책을 이용하면 이에 대한 심리적인 장애물을 제거하는 효과를 얻을 수 있다. 글자 크기를 크게 해서 읽으면 빠르게 읽는 것이 쉽다고 느껴질 수 있다. 때문에 처음에 설정된 글자보다도 더 큰 글자로 크기를 설정해서 보는 것이 좋다. 다만 아이패드와 같은 태블릿 단말기는 화면에 표시할 수 있는 글자 수가 적기 때문에 만일 전자책으로 속독을 연습하려면 컴퓨터용 모니터를 이용하는 것이 좋다.

생각하는 힘을 기르는 '3X 리마인딩'

가볍게 쓱 책 한 권을 다 읽었다면 그다음에는 '무슨 내용인가?'를 생각해내고 머리에 남아 있는 내용을 끌어낸다. 이때 '어떤 내용이 있었나?'라는 생각이 들 정도의 빠르기로 읽어야 한다. 만일 책을 다 읽은 후에 '어떤 내용이었는지 훅 떠오른다'는 상태라면 읽는 속도를 좀 더 높여보자.

이 과정에서 중요한 것은 다음 3가지다. 이 포인트를 의식하면서 속독을 해보자.

1. 머릿속에 넣은 정보를 '필사적으로' 떠올린다.
2. 종이에 쓰면서 관련 이미지들을 최소 3개 이상 끌어낸다.
3. '이미 알고 있는 내용'을 성장의 기회로 삼는다.

머릿속에 넣은 정보를 '필사적으로' 떠올린다

빠르게 읽은 후 '내용이 전혀 생각나지 않는다'고 해도 어떤 내용이 있었는지 생각하려고 노력하다 보면 '그러고 보니 책의 전반부에 ○○에 대한 내용이 있었던 것 같다'라든가 '책에 있는 내용은 아니지만 문득 떠오른 생각이 있었어. 뭐였지'라는 식으로 힌트가 되는 이미지가 떠오를 것이다. 이렇게 필사적으로 생각하려고 노력하면 눈으로 보았던 한 문장을 기억에서 이끌어내는 힘을 기를 수가 있다.

생각해내는 능력을 단련하면 애매한 기억들을 조합하면서 관련된 내용까지 생각해낼 수 있다. 그 기억과 자신의 주변 환경, 과거 경험 등의 정보를 모두 조합하면 지금 현재 자신에게 필요한 아이디어나 생각을 떠올릴 수 있다. 때문에 '생각나지 않는다'라고 해서 바로 다시 책을 찾아 읽으면서 확인하면 안 된다. 생각하는 힘을 기르기 위해서는 최소한 1분, 가능하면 5분 이상 끈기 있게 생각하면서 적어도 3개 이상의 아이디어나 생각을 끌어내도록 노력해야 한다. 처음에 3가지가 떠올랐다면 그 내용에서 파생된 생각이 갑자기 늘어나면서 생각의 폭도 넓어질 수 있다.

반대로 생각하는 폭이 너무 넓어지면 생각하는 것에 지나치게 몰두할 가능성도 있다. 따라서 10~15분 동안 생각하는 능력을 길렀다면 다음 단계로 넘어가도록 하자.

종이에 쓰면서 관련 이미지들을 끌어낸다

생각이 나면 일단 종이에 쓴다. 종이에 쓴 내용을 눈으로 보고 있으면 그 정보와 연관된 생각이 늘어날 것이다. 정보를 기억할 때 아이들의 경우 기계적으로 그 내용을 기억한다. 그러나 어른이 되면서 그대로 기억하는 것이 아니라 그 내용과 무엇인가를 관련지어서 기억하는 방법으로 바뀌어간다.

기억하는 힘을 기른다

기억나지 않는 경우는 5분 이상 끈기 있게 버티며
무조건 3개 이상을 생각한다.

필사적으로 생각해내려고 노력하면
눈으로 보았던 문장을 기억해내는
힘을 기를 수 있다.

예를 들어, 책 속에 '예금동결 조치의 역사'에 관한 내용이 있었다고 해보자.

전쟁이 끝나고 얼마 되지 않았을 때 일본에서는 예금동결 조치가 있었고 2013년 EU(유럽연합)의 키프로스에서도 예금동결 조치가 있었다.

이런 내용을 기계적으로 외운다고 해도 생각해내는 것은 어려울 것이다. 그런데 만일 'ATM의 하루 인출 상한액'과 맡긴 예금을 자유롭게 빼서 쓸 수 없는 '예금동결 조치'를 관련지어 기억한다고 해보자. 'ATM'이라는 말을 본 순간, 예금동결 조치의 역사에 대한 정보를 생각해내기는 쉬울 것이다.

부분적으로 생각난 정보를 눈으로 보았을 때, 그 앞뒤에 있는 관련된 말과 문장을 생각해낼 수 있다. 이런 정보를 눈으로 보는 동안 자기계발로 연결할 수 있는 행동 이미지에 대한 실마리를 찾을 수 있다.

머릿속으로 생각하던 문장을 이미지로 그리면서 연관된 정보를 생각해내는 것도 좋지만, 종이에 쓴 내용과 관련지어서 생각하는 편이 훨씬 좋다. 관련된 정보를 생각해낼 수 있는 가능성이 커지기 때문이다.

무엇인가 문득 떠오르거나 머릿속에서 생각이 나면 거기에서부터 파생적으로 여러 가지 생각이 떠오르게 된다. 하지만 순간적으로 생각해낸 것일수록 빠르게 증발하기 때문에 '생각났다'라고 하는 순간, 바로 쓰도록 한다.

생각난 내용을 쓸 때는 글자에 얽매일 필요가 없다. 이미 지로는 어떻게든 그릴 수 있지만 말로 할 수 없는 경우도 있을 것이다. 그럴 때는 막연한 이미지 그대로 일러스트나 흐름도 같은 형태로 표현해도 된다. 서술식 시험처럼 기억한 내용을 기술하는 것이 요구되는 경우에는 올바른 언어의 형태로 써야 한다. 그러나 직장인의 독서 목적을 생각하면 언어화를 통한 아웃풋보다는 행동을 통한 아웃풋이 요구된다. 그렇기 때문에 너무 무리해서 단어로 정리하거나 제대로 된 문장으로 잘 정리하려는 것은 의미가 없다.

실제로 행동으로 아웃풋하는 것에 대해서는 5장에서 설명할 것이다. 생각해낸 내용을 쓸 때는 어떤 것에도 구애받지 않고 종이에 자유롭게 쓴다. 읽은 내용을 컴퓨터로 쓰는

생각하는 힘을 기르는 방법

1. 글자로 쓴다.

ATM

2. 일러스트를 그린다.

3. 흐름도를 그린다.

ATM
↓
예금을 찾을 수 없다.
↓
예금동결 조치

부분적으로 생각난 정보에서
관련된 단어나 문장까지 생각해낼 수 있다.

사람도 있는데, 자판으로 입력하는 것보다 손으로 쓰는 경우가 뇌의 언어처리에 관계하는 부위가 더 활발하게 작동하는 것으로 알려져 있다. 그러므로 생각해내는 힘을 이끌어내기 위해서는 손으로 쓰도록 하자.

경우에 따라서 책에 있는 내용보다 '오히려 주변 환경에 맞춰 바꿔 쓰면 어떨까?' 하는 식으로 이미지가 떠오르는 경우가 있다.

예를 들어, 시간이 없다고 괴로워하는 사람이 '일을 동시다발적으로 진행하라'는 문장을 읽었다고 해보자. 이때 지금 해야 하는 일 중에서 프레젠테이션 자료를 작성하는 작업, 즉 '통계 데이터 정리와 사전조사는 A씨에게 부탁해도 될 것이다'라든가 '내용 전개는 다른 사람에게 시킬 수 없다'라고 자신의 상황에 대입하여 생각하면 나름대로의 해결 방법이 떠오를 것이다. 이 경우 읽은 문장을 그대로 쓸 필요는 없고, 자신의 입장에 대입해 생각나는 이미지와 내용을 모두 쓴다.

이미 알고 있는 내용도 성장의 기회가 될 수 있다

책을 읽고 '이미 다 알고 있는 내용'이었다는 생각이 들었다면, 거기서 그대로 끝내지 않도록 주의하자. 서점에서 책을 고를 때는 내용을 대충 볼 수 있기 때문에 '알고 있는 내용'인지 미리 파악할 수 있다. 그러나 인터넷 서점에서 책을 사거나, 다른 사람에게 책을 추천받았을 때는 미리 책을 볼 수 없으므로 그 책의 내용을 '알고 있는 내용'이라고 생각할 수 있다.

이것은 자신이 다른 사람보다 더 많은 지식을 갖고 있다고 생각하기 때문에 일어나는 현상이다. 이런 경우에는 이미 알고 있는 내용에 대해서 자신의 경험을 되돌아보고 생각난 것을 써보도록 하자. 알고 있지만 행동으로 옮기지 못했을 수도 있고, 행동으로 옮긴 다음에 새롭게 보이기 시작한 과제 등이 있을 것이다. 그런 모든 것을 생각나는 대로 계속 써보자.

이미 알고 있는 내용에 대해서 처음으로 그 내용을 알았을 때와 책을 읽어서 알게 됐을 때를 비교해보면 더 많은 경험이 쌓인 상태일 것이다. 따라서 처음에는 별로 중요하다

이미 알고 있는 내용을 봤을 때의 반응

생각하는 것을 멈추는 사람

알고 있는 내용이어서 시간을 허투루 사용했다고 생각한다.

자기 성장의 계기로 삼는 사람

객관적으로 되돌아보면서 새롭게 깨달은 것이 있는지 알아본다.

이미 알고 있는 내용이라도
새로운 깨달음을 얻고 자신을 성장시킬 수 있도록
행동 이미지를 만들어야 한다.

고 생각하지 않았던 내용이 매우 중요한 내용이었다는 것을 알아차릴 수도 있다.

처음 그 내용을 알았을 때는 왜 깊이 이해할 수 없었는지를 생각해본다. 또는 자신의 경험에 비춰 자신의 말로 설명하듯이 써보자. '책을 읽은 시간이 아깝다'고 생각하지 말자. 이미 알고 있는 내용이라도 자신을 객관적으로 되돌아보면서 새로운 것을 깨닫고 성장하는 계기로 삼을 수 있다.

처음 알게 된 내용이든, 이미 알고 있는 내용이든 거기에서 어떻게든 깨달음을 얻고 자신을 성장시키기 위한 행동 이미지를 만드는 것이 중요하다. 이미 알고 있는 내용이라면 지금 자신의 상황에 대입해보았을 때 어떤 식으로 응용할 수 있는지 살필 여유가 생긴다. '결국 알고 있는 내용이었다'라며 생각하는 데서 멈추지 말고, 새롭게 자신을 성장시키는 계기로 삼자.

이미지를 구체화하고 확장하는 '3X 검색'

　　　　　　　　　　책에 어떤 내용이 있었는지 10~15분 정도 생각하고 글로 썼다면 그다음에는 이해하지 못한 부분을 확인한다. 글을 쓰고 있을 때 '책의 전반부에 있던 내용이 기억이 나긴 하는데 정확한 단어가 생각나지 않는' 경험을 한 적이 있을 것이다. 희미한 기억을 명확히 하기 위해서는 그 내용이 나와 있는 부분을 하나하나 찾아서 확인한다. 3X 리딩을 하며 쪽지를 붙여 놓았던 사람은 그 쪽을 바로 확인하면 된다. 확인할 때도 빨리 찾도록 하자.

흐릿한 이미지를 구체화하기 위해 '찾는다'

또다시 책을 읽으려고 하지 말고 희미하게 기억하고 있는 부분이나 이해되지 않은 부분의 내용을 검색하는 정도로 찾아본다. 예를 들어, 입학시험이나 자격증 시험의 기출문제집을 풀고 있을 때 '이 문제 전에 풀었던 것 같은데 생각이 나지 않는다'라는 경험이 한 번쯤 있을 것이다. 그때 참고서를 처음부터 다시 볼 수도 있지만 '지난번에 조사했을 때 이 근처에 써둔 것 같은데…'라고 단서를 찾거나 혹은 책 뒤에 있는 색인이나 목차에서 관련된 쪽을 찾아간다.

이렇게 책에 있는 내용인 것은 확실한데 생각나지 않는 경우 책에서 흐릿한 이미지의 단서를 찾아본다. 만일 생각나는 것이 있다면 생각난 단어에 의지해서 색인과 목차에서 관련된 쪽을 찾아간다. 그리고 기억이 가물가물한 몇 군데를 찾았다면 그 부분이나 주변 문장을 보통 속도로 읽는다. 그런 부분은 무리해서 빨리 읽지 않는 것이 좋다.

이해하지 못했던 부분을 확인했을 때 생각난 내용과 쓴 내용을 비교해보면 새로운 것을 알게 될 수도 있고, 새로운 아이디어가 생각날 때도 있다. 이때 새롭게 알게 된 것이나 아이디어도 함께 써두도록 하자.

'이해하지 못해서 애매했던 이미지를 확인하고, 생각해서 쓰는' 과정을 반복하면서 진행한다. 이 단계에서는 희미한 이미지를 확인하는 작업으로만 끝내서는 안 된다. 하나하나 찾는 작업은 가능한 한 속도감을 가지고 빨리 한다. '휙휙 책장을 넘기듯' 실천해보자. 책장을 넘기면서 '읽는' 것이 아니라 1초라도 빨리 '찾는다'고 의식하면서 보도록 하자.

이것을 반복하는 동안에 '앞에서 확인한 내용을 조금 전에 확인하긴 했는데 잊어버렸다'라는 생각이 들면 바로 다시 확인해야 한다. 수정할 시간을 확보한다는 의미에서 찾을 때는 속도감 있게 하자. 여러 번 보고도 이해하지 못했던 부분을 다시 읽을 때는 보통 속도로 읽어도 된다. 그러나 '3X 검색'은 길어도 15분 이내에 완료하겠다는 의지를 갖고 시도해보자.

애매하게 머릿속에 있었던 이미지를 더 선명하게 그릴 수 있도록 가중치를 주는 것이 중요하다. 그러기 위해서는 시간이 지나면서 그 이미지가 흐려지기 전에 반복해서 확인할 필요가 있다. 검색하고 확인하는 과정에서 새로운 것이 생각나고, 또 쓰고 싶은 것이 생각날 수도 있다. 15분으로 시간을 설정하긴 했지만, 되도록 그보다 짧은 시간 안에 끝낼 수 있도록 하자.

읽는 목적을 명확히 하고 읽을 필요는 없다

'이해가 안 되는 부분을 처음부터 명확하게 한 뒤에 읽는 것이 효율성 있는 독서법이 아닐까?'라고 생각할 수도 있다. 실제로 이런 식의 속독법도 있다. 하지만 나는 책을 읽기 전에 미리 목적을 명확하게 할 필요는 없다고 생각한다. 원래 자신이 알고 싶은 내용과 목적이 명확하다면 인터넷 검색으로 정보를 조사하는 것이 더 나을 것이다. 수많은 정보를 빨리 집중적으로 읽을 수 있기 때문이다.

인터넷이 보급되지 않았던 시대에는 책이 정보를 조사하는 주요한 수단이었다. 그러나 오늘날은 정보를 조사하기 위해서 책을 사용하는 것은 비효율적이다. 물론 전자책을 사용하면 검색을 통해 필요한 부분만 표시하고 읽을 수 있다. 때문에 '원래 전자책은 전부 읽을 필요가 없다'고 생각할 수 있다. 하지만 그렇지 않다. 책을 읽는 목적은 지식을 얻는 것뿐만 아니라, 자신의 성장을 위해서 필요한 행동 이미지를 얻는 것이다. 그러므로 자신이 성장하기 전에, 다시 말하면 책을 읽기 전에 검색하고 싶은 단어를 명확하게 하는 것은 불가능하다. 나 역시도 과거에 이를 실천해보려고 시도한 적이 있다. 책을 읽기 전 단계에서 읽는 목적을 명확히 하려면 많은 시간이 걸렸고, 이로 인해 책을 읽기도 전에 좌절하기도 했다.

인터넷이 보급된 현대에 책을 읽는 의미는 '무엇을 알면 좋은지'를 깨닫기 위한 것일 때가 많다. 예를 들어, 경제적 어려움을 겪는 사람이 《부자 아빠 가난한 아빠》를 읽기로 했다. 이때 만일 '돈 버는 방법을 알고 싶다'는 명확한 목적을 설정해서 그 부분만 읽는다면 아마도 '부동산 등을 구입해서 불로소득을 늘리자'라는 정보만 머리에 남을 것이다. 그러나 목적을 명확하게 하지 않고 어디까지나 돈 때문에 어려움을 겪는 상황을 어떻게든 해결하고 싶다는 조금은 막연한 생각으로 책을 읽는다면 부동산으로 수입을 늘리는 부분뿐만 아니라, 집이나 차를 사서 지출을 늘리는 부분에도 눈이 가게 될 것이다.

그런데 본문에서는 분명 '차=부채'라고 명시하고 있기 때문에 대중적인 차를 구매하는 것은 지출만 늘리는 것이다. 하지만 반대로 페라리를 산다면 가격은 잘 떨어지지 않고, 물건에 따라서 구입 시기와 관계없이 희소성으로 가치가 올라가는 경우도 있다. 그러므로 반드시 '차=부채'가 된다고 볼 수도 없다.

처음부터 수입을 늘린다는 것만 생각한다면 이러한 관점으로 보기는 어려울 수 있다. 그러나 명확한 목적을 정해두지 않고 열린 독서를 한다면 돈을 벌기 위해 진짜 알아야 할 것은 '돈을 버는 방법'보다는 오히려 '돈을 사용하는 방법'이라는 깨달음을 얻을 수 있을 것이다.

처음부터 특정 부분에 주목해서 읽지 말고, 먼저 전체를 훑어보아야만 책을 통한 유사 체험을 할 수 있다.

앞에서 '자기만족보다는 자기계발이 먼저다(118쪽)'에서 예로 든 《나와 조직을 살리는 실패학의 법칙》이나 《워렌 버핏 투자 노트》에서는 타인의 실패 경험을 통해 배워서 같은 실수를 하지 않는 것이 중요하다고 말했다. 이처럼 타인의 실패 경험을 유사 체험할 수 있는 것이 바로 독서다. 유사 체험과 현재의 자신을 비교함으로써 더 좋은 방향이 무엇인지를 알게 된다면 책을 더 깊고 폭넓게 이해할 수 있다.

아이디어를 만드는 '3X 이미징'

지금까지의 단계를 대충 끝냈다면 다음 날에 다시 그 책을 읽는다. 전날에 읽은 책이기 때문에 문장을 하나하나 차분하게 읽을 필요는 없고, 읽었던 내용을 확인한다는 느낌으로 읽어가도록 하자.

전날 이해하지 못한 부분에 쪽지를 붙인 곳이 있으면 그 부분은 천천히 읽고, 그 이외에는 속도감 있게 읽는다. 이런 식으로 완급을 조절하면서 읽어나가도 상관없다. 이 단계에서는 가능하다면 빨리 읽고 생각해내는 능력을 기르는 것과 희미했던 이미지를 명확하게 하는 것이 중요하다. 이렇게 전날 자기 전까지 속독을 하고 다음 날 출근하는 시간에 다시 읽어보자.

왜 다음 날 다시 읽는 것이 효과적인지는 뇌의 특징과 연관되어 있다. 망각의 역현상^{Reminiscence}이라는 것으로, 무엇을 기억한 직후보다 일정 시간이 경과한 후에 기억이 더 잘 나는 특징을 말한다. 이 망각의 역현상은 수면과 깊은 관계가 있다. 수면에 대해서는 아직까지 과학적으로 밝혀지지 않은 점이 많지만 수면 중에도 뇌는 활동하며, 그날에 입력된 다양한 정보를 정리하거나 기억에 저장한다고 알려져 있다. 때문에 자기 전에 1~2회 정도 빠르게 책을 읽은 후 간단하게 메모를 하고 검색과 확인 과정을 거치는 것이 이상적이다.

자기 전에 독서를 하고 정보를 머릿속으로 집어 넣은 후 다음 날 다시 읽으면 뇌가 생각하기 쉬운 상태에서 책을 읽을 수 있다. 따라서 취침 전 독서를 꼭 습관화하는 것이 좋다. 자기 전에 책 한 권을 읽고 다음 날 출근할 때 다시 읽는 것이 습관화되면 1년에 250권 가까운 책을 읽을 수 있다.

또 같은 책을 3번 정도 읽으면 생각해내는 수고도 덜 수 있다. 시간이 경과하면 경과할수록 책에 무슨 내용이 있었는지 잊어버리게 되지만, 잊기 전에 반복해서 확인하면 생각이 쉽게 떠오르기 때문이다. 자기 전에 2번, 다음 날 아침에 1번! 이런 간격으로 반복해서 읽도록 한다.

책에서 얻은 아이디어로 행동을 바꾼다

생각이 잘 나는 상태에서 책을 읽으면 내용도 잘 이해할 수 있다. 이때 자신을 성장시키는 깨달음이나 새로운 아이디어, 또는 계기를 하나라도 더 많이 찾아야 한다. 물론 그 하나의 아이디어는 1초도 되지 않는 짧은 시간에 순간적으로 떠오를 것이다. 한 문장만 보고 아이디어가 떠오르기도 하고, 다시 쓴 문장과 이미지가 화학반응을 일으켜서 떠오를 수도 있다. 책의 내용을 완벽하게 기억하는 것보다 단 하나의 아이디어라도 얻는 것이 진정한 의미에서 직장인이 책을 활용하는 방법이다.

예를 들어, 하부 요시하루羽生善治가 쓴 《결단력決断力》을 보면 정보력을 얻는 것보다 '어떻게 버릴 것인가'가 더 중요하다는 취지의 문장을 볼 수 있다. 재테크 책에서도 비슷한 내용을 자주 볼 수 있었기 때문에 처음 읽었을 때는 별로 신경

생각해내기 위한 노력을 줄인다

1

자기 전에 1~2번 읽는다.
빨리 읽고 생각하는 능력을 길러
희미한 이미지를 명확하게 한다.

2

다음 날에 다시 읽는다.
뇌가 생각하기 쉬운 상태에서
책을 읽을 수 있다.

자기 전에 2번, 다음 날 아침에 1번,
이런 간격으로 책을 반복해서 읽으면
쉽게 생각이 나는 상태에서 책을 읽을 수 있다.

쓰지 않았다. 그러다 잠시 시간을 두고 다시 그 문장을 읽었을 때 문득 '[정보=물건]이라고 바꿔서 생각하면 어떨까?'라는 생각이 들었다. 그리고 물건을 갖고 있는 것(정보가 넘치는 것)은 물건을 관리할 수 없는 상태(정보에 휘둘리는 상태)라는 이미지가 떠올랐다. 물건을 관리하려면 반드시 시간이 필요하다는 것도 깨달았다.

따라서 금전적 유지비용^{Running cost}보다도 시간 유지비용을 계산하면서 물건을 샀고, 바쁜 중에도 시간을 효과적으로 사용할 수 있겠다는 아이디어가 떠올랐다.

지금은 미니멀리즘이라는 말이 흔하게 사용되고 있지만, 그 당시에는 그러한 생각은 일반적이지 않았고 나도 미니멀리즘에 흥미가 없었다. 다만 아이디어를 계기로 금전적인 가치보다 시간적인 비용을 더 우선해서 구입했고, 이미 갖고 있는 물건도 맞지 않는 것은 모두 처분했다. 그리고 물건 관리에 할애했던 시간을 다양한 분야를 공부하는 시간으로 채울 수 있었다.

새로운 관점과 아이디어는 흥미와 호기심을 만든다

독립을 한 후 가루비 주식회사(일본의 과자 제조업체)의 마쓰모토 아키라松本晃 회장이 강연하는 세미나에 참석할 기회가 있었다. 그는 "비즈니스와 관계없는 자산은 하나도 갖고 있지 않다"라고 말하며, 그림이나 골프회원권 등 금전적 가치와 관계없이 모든 것을 처분했다고 말했다. 내가 예전에 떠올렸던 생각을 일류 사업가가 실행하고 있다니 내 관점이 틀리지 않았다는 생각에 매우 기뻤던 경험이 있다.

지금까지 전혀 인식하지 못했던 새로운 관점이나 아이디어가 떠오르면 사람은 그것에 대해 흥미나 호기심을 갖게 된다. 흥미가 생기면 자연스럽게 '해볼까?'라든가 '좀 더 알고 싶다'라는 식으로 다음 행동을 하기 위한 원동력이 생긴다. 그 원동력을 '책×환경×경험'의 곱셈 공식에서 환경 바꾸기를 하는 데 사용해 경험을 쌓아올리고 활용해야 한다. 다음 장에서는 구체적으로 어떤 식으로 환경과 경험의 값을 높여가면 좋은지에 대해 설명할 것이다.

제5장

책 속 지식이
내 능력이 되는
4가지 방법

대화를 나누며
지식을 넓힌다

　　4장을 통해 책을 읽고 떠올린 아이디어를 행동으로 옮기는 것에 대한 지침을 만들었다. 이번에는 실제 행동을 통해 책 속 지식을 자신을 더 성장시키는 피와 살로 바꾸어갈 것이다. 머릿속에 들어간 지식과 정보를 실제로 사용함으로써 그 정보를 자신의 기술로 바꾼다. 그러기 위해서는 책을 읽는 단계에서 책의 내용을 자신의 상황에 대입해 이미지를 만들어야 한다.

　먼저 책을 읽고 그 내용을 다른 사람에게 이야기해보자. 자신의 말로 이야기하면 책을 읽을 때는 생각하지 않았던

점에 대해 의문이 들 수 있다. 또는 이야기를 듣고 있는 상대방이 질문을 할 수가 있다. 질문을 받고 자신이 알고 있다고 생각했던 문제가 사실은 이해하지 못했던 것일 수도 있다는 점을 깨닫는다.

이해했다고 생각했지만 실제로는 아니었다는 것을 스스로 깨닫기는 정말 어렵다. 그러나 지금까지 이해할 수 없었던 것을 어떤 계기로 이해할 수 있게 된다면 확실하게 성장할 수 있다. 그리고 책 속에서 관련 내용을 확인해보고 더 깊이 이해할 수 있게 된다.

누군가와 이야기하는 '공유Sharing 독서술'

기억에 관한 책을 읽은 후 "최근 건망증이 심해져서… 어떤 대책을 세워야 하지 않을까?"라고 상담하는 것처럼 이야기를 시작한다. 상대방이 책에서 읽었던 내용을 이야기해준다면 반복학습을 할 수도 있고, 책에 없는 내용을 말한다면 지식의 폭이 넓어질 것이다. 만일 "확실한 대책이 없을까?"라고 되묻는다면 "나는 이런 것을 하고 있다"라고 머릿속에 넣은 지식과 정보를 꺼내 이야기하면 좋다. 이렇게 상대방과 이야기를 나누면서 책을 읽을 때는 미처 인식하지 못했던 중요한 부분을 알아차릴 수 있다.

내가 돈 문제로 힘들었던 시기에 지인의 추천으로《부자 아빠 가난한 아빠》를 읽게 되었다. 당시 이해력이 부족했던 나는 '돈이 일하게 해서 돈을 불린다'라는 문장을 보며 '돈을 불린다'는 것만 눈에 들어왔다. 그러나 그 후 투자 선생님을 만나게 되면서 그 인연으로 다양한 사람들과 대화할 기회가 생겼다. 그때 돈에 관한 주제로 이야기가 시작되면 돈을 불리는 것보다는 세금에 대한 이야기가 주요한 화제였다.

투자 선생님은 첫 면담 때 과제 도서를 제시해주면서 돈을 벌기 전 먼저 세무사를 찾아가는 것이 왜 중요한지를 강조했다. 돈을 벌거나 불리는 이야기는 하지 않았다. 다만 과제 도서인《부자 아빠 가난한 아빠》는 꼭 읽어야 한다고 말했다. 나는 이미 읽은 책이었지만, 다시 한번 읽기로 했다. 그리고 "프로스포츠 팀에 우수한 코치가 많이 있는 것처럼 돈을 벌 때도 우수한 코치를 붙여주어야 한다"라는 부분에 시선이 멈췄다.

우수한 변호사, 회계사, 세무사 같은 전문가들을 고용하는 것이 왜 중요한지 확실하게 말하고 있었다. 그러나 처음 읽었을 때는 '돈을 벌고 난 뒤의 이야기지'라고만 생각했을 뿐 중요하게 보지 않았다.

이처럼 혼자서 생각한다면 알아차릴 수 없는 중요한 포인트를 누군가와의 대화를 통해 알아차릴 수 있다. 이것은 나에게는 매우 중요한 경험이었다. 상대방의 객관적인 시각을 받아들임으로써 자기계발의 기점을 알아차리고 아이디어를 떠올리는 계기로 삼을 수 있다. 책을 읽고 그 내용을 주변에 있는 소중한 친구들과 나누겠다는 마음가짐으로 많은 대화를 해보자.

대화 상대가 없을 때 활용하는 '매칭Matching 독서술'

만일 대화할 상대가 없는 경우에는 세미나에 참가하거나 새롭게 무엇을 배우러 다녀보자. 바로 자신이 흥미를 갖고 있는 분야에 대해 대화할 수 있는 환경을 만드는 방법이다. 당연한 이야기겠지만 자신이 흥미 있는 분야의 공부를 하는 장소이기 때문에 참가하는 사람들도 모두 그것에 대해 흥미를 갖고 있다.

세미나나 동호회 모임에 참가하면 같은 목적을 갖고 공부하러 오는 사람들과 교류할 수 있고, 흥미 있는 것에 대해 마음껏 대화할 수 있다. 특히 배움을 목적으로 독서법에 대해 공부할 경우, 독서 효과를 최대한으로 끌어올릴 수 있다. 같은 목적을 갖고 있는 사람과 연결되어 있으므로 동기를 유지하기 쉬운 환경을 만들 수 있다는 장점도 있다. 또 여럿이 동시에 배우기 시작하면 일정 기간 동안 계속해서 공부하는 환경을 만들 수 있다. 어떤 의미에서 강제적으로, 또 지속적으로 공부할 수 있는 환경을 만들기 때문에 독서를 비롯해서 자연스럽게 그 일을 하는 습관을 만들 수 있다.

독서만으로도 지식과 정보를 충분히 얻을 수 있다. 하지만 공부를 하는 곳(배우러 다니는 곳)이 정보를 머릿속에 넣는 장소만이 아니라, 독서를 통해 몸으로 익힌 지식을 자신의 기술로 만드는 장소라고 생각한다면 각각의 장점을 최대한으로 끌어낼 수가 있다.

대화하는 독서술

누군가와 이야기하는 '공유 독서술'
혼자 아무리 생각해도 몰랐던 중요한 핵심을
누군가와의 대화를 통해 알아차릴 수 있다.

상대방이 없을 때 하는 '매칭 독서술'
세미나와 학습(공부) 등 자신이 흥미 있는 분야의
이야기를 할 수 있는 환경을 만든다.

독서를 통해 몸으로 익힌 지식을
자기 자신의 것으로 만들기 위해서
'대화'는 필요한 요소이다.

내 생각이나 의견을
쓰면서 정리한다

앞에서 머릿속으로 들어간 지식을 자신의 기술로 만들기 위해 대화할 수 있는 환경을 만들라고 말했다. 그 외에도 독서를 한 뒤 정리한 내용을 바탕으로 블로그나 SNS, 이메일 매거진을 쓰는 것도 효과적인 방법이다. 특히 블로그나 이메일 매거진은 자신이 좋아하는 분야의 글을 쓰는 것이므로 다른 사람과 커뮤니케이션하지 않고 일방통행으로 발신할 수 있다. 즉 얼굴을 마주하고 실시간으로 대화할 필요가 없다.

자신의 경험과 연결해보는 '가상Virtual 독서술'

책에서 읽은 내용을 기반으로 자신의 언어로 문장을 만들어 본다. 그러면 대화하는 것과 같은 효과가 나타나는데, 읽은 내용을 자신의 경험과 연결시키면서 다른 사람도 이해할 수 있도록 설명할 수 있게 된다.

예를 들어, 건강법을 다룬 책에서 복식호흡에 대한 내용을 봤다고 하자. 아마 이해하기 쉽도록 일러스트로 표현되어 있을 것이다. 만일 블로그에서 그것을 표현하려면 단어와 문장으로 표현해야만 한다. 즉, '배는 아마도 배꼽 주변? 아니면 아랫배?' 이런 식으로 일러스트와 단어를 보고 감각적으로 이해한 것을 직접 글자로 표현해야 한다.

이렇게 일러스트를 보면서 감각적으로 이해하는 것에 더해 문장에서도 행간을 읽기 위해 노력한다면 더 깊이 이해할 수 있다.

책을 읽기 전의 자신과 읽은 후에 행동으로 옮긴 자신을 비교해서 써보는 것도 효과적이다. 예를 들어, 수첩 관리에 관한 책을 읽고 있는데, '수첩은 1,000원 숍에서 파는 수첩을 사용한다'라는 내용에 관심이 생겼다고 해보자. 실제로 1,000원 숍 수첩을 사용해보고 사용 전과 사용 후를 비교해 본다. 그리고 '지금까지는 가죽 바인더 수첩을 사용했다. 편하게 사용하기 힘들어서 잘 가지고 다니지 않았고 잘 활용할 수 없었다'라고 자기 나름대로 이해한 내용을 정리한다.

앞에서 '세미나 또는 공부하는 곳(배우러 가는 곳)에서 대화할 수 있는 환경을 만들라'고 말했다. 블로그에서 댓글란을 공개하면 같은 것에 흥미가 있는 사람이 블로그의 글을 보고 댓글을 달 수도 있고, 피드백을 줄 수도 있다. 이것을 계기로 세미나나 공부하는 곳으로 가지 않아도 동일한 환경을 만들 수 있다. 직접 만나지 않아도 같은 것에 흥미를 갖고 있는 친구가 있다는 생각만으로도 동기부여가 될 것이다.
그리고 경험이나 주변 환경을 비교해 문장으로 표현해보자. 그러다 보면 이해가 더 잘 되고 깊게 사고할 수 있을 것이다.

행동으로 옮기는 '행동 Action 독서술'

블로그나 SNS, 이메일 매거진에 글 쓰기를 계속하면 문장력도 향상된다. 컴퓨터나 스마트폰에 메모하는 것과 달리 '다른 사람이 볼지도 모른다'고 생각하면 저절로 제3자에게 설명하는 것을 의식하면서 문장을 쓰게 될 것이다.

책을 읽었을 때 제대로 기억했던 내용이라고 해도 자신의 말과 문장으로 설명하다 보면 애매하게 이해했음을 깨닫게 된다. 그것을 명확하게 하기 위해 글을 쓰는 사람의 시선으로 다시 한번 책을 읽으면 더 깊게 이해할 수 있다. 그리고 같은 것에 흥미를 가지고 있는 사람이 내가 쓴 글을 읽고 '알기 쉽다!' '참고가 되었다'라는 댓글을 단다면 다른 사람에게 도움이 된다는 생각에 더 열심히 공부할 것이다. 다른 사람에게 설명할 수 있는 수준까지 깊이 이해했다는 것으로 자연스럽게 동기부여가 된다.

속독 교실 수강생 중 웹WEB 제작 일을 하고 있는 사람이 있었는데, 제4장에 나와 있는 읽기 방법을 실천해서 웹 관련 기사 쓰는 일을 실행했다. 다른 사람은 3개월에 10개 정도의 기사를 작성했는데, 그는 1개월에 100개의 기사를 작성했다고 한다.

책에 있는 내용을 바탕으로 과거와 현재의 자신을 되돌아보고 깨달은 것을 쓰면서 글로 표현하는 능력이 압도적으로 향상되었다고 한다. 원래 표현하는 능력이 향상되는 것을 기대하고 속독을 한 것은 아니었는데 '기분 좋게 빗나간 계산 결과'였다고 말했다.

'소풍은 집으로 돌아올 때까지 소풍(일본에서 속담처럼 쓰이는 말)'이란 말이 있는데 독서도 이와 똑같다. '행동으로 옮길 때까지 독서'다. 인터넷이 보급되고 무료로 지식을 얼마든지 손에 넣을 수 있는 시대에 돈을 내고 일부러 사서 읽는 책은 독자에게 특별한 의미가 있을 가능성이 크다. 단, '읽을 때까지 독서'가 아니라 '쓰는 것까지 독서'라는 점을 명심하자.

글로 쓰는 독서술

자신의 경험과 연결해보는 '가상 독서술'
경험이나 주변 환경을 떠올려가며 책의 내용과 비교하면서 읽는 습관을 들인다. 그러면 더 깊이 이해하는 사고가 작동한다.

행동으로 옮기는 '행동 독서술'
블로그나 SNS 이메일 매거진 등에 계속해서 글을 쓰다 보면 제3자에게 설명하는 것을 의식하면서 글을 쓸 수 있다.

독서로 익힌 지식을 자신만의 기술로
바꾸기 위해서는 글쓰기가 필요하다.

직접 먹고 뜯고 맛보고
즐기며 체득한다

4장에서는 책을 읽고 그 내용을 적어보거나 자신이 행동했을 때의 상황을 시뮬레이션하는 방법을 설명했다. 그럼 이번에는 실제로 그것을 행동으로 옮겨보자. 행동으로 옮겼을 때의 이미지를 만들었다면 '백문이불여일견百聞而不如一見'이고, 또 '백독이불여일견百讀而不如一見'이다.

분야에 상관없이 환경과 경험 부분을 더 넓히기 위해서는 '무조건 해보자'라고 생각하고 책에서 읽은 내용을 실천해봐야 한다. 예를 들어,《○○만 원부터 시작하는 자산운용》이란 책을 읽었다면 무조건 그 책의 내용대로 돈을 운용해 보는 것이다.

실제 자금을 운용하는 것이 두려운 사람은 가상계좌를 이용해도 상관없다. 실제로 돈이 움직이는 환경에 뛰어들었다면 책을 읽었을 때 상상했던 이미지와 같은 부분도 있고, 자신이 이해하고 있던 내용과 차이가 나는 부분도 있을 것이다. 그때 다시 한번 책을 읽고 차이가 나는 부분을 확인해보면 처음 읽었을 때와는 다르게 이해될 것이다. '고려하지 않았던 내용이 제대로 쓰여 있다'라고 느낄 수도 있을 것이다. 이것이야말로 더 깊이 이해했기 때문에 가능한 것이다. 물론 책에 나와 있는 내용을 충실하게 따라 가는 것이 가장 좋은 방법이다. 하지만 어느 정도 범위까지 확장하는 것도 괜찮으므로 현장을 조금이라도 더 많이 접해보는 것이 중요하다.

현장에 가보는 '탐색Quest 독서술'

만일 자신의 상황에 적용해도 행동 이미지가 제대로 떠오르지 않을 때는 책에 나온 장소에 직접 가보자. 예를 들어,《사장같은 사원 만들기》를 읽었다면 무조건 디즈니랜드에 가볼 것을 권한다. 그 책에서는 채용 방법을 비교하면서 더 리츠칼튼 호텔의 수준 높은 고객 서비스에 대해 이야기하는 부분이 나온다. 그 내용을 읽었다면 그 호텔에 머무르면서 실제로 그 서비스를 경험해본다.

숙박을 하지 않아도 카페 라운지를 이용하면서 서비스를 받아보는 것으로도 충분하다. 실제 현장에 직접 가보는 것이 중요하다. 고객 서비스에 대한 내용을 읽은 후에 실제 현장에 가보면 접객 서비스에 대한 의식이 높아지며, 책을 읽지 않고 갔을 때는 신경 쓰지 않았던 부분까지 느낄 수 있다.

이처럼 책을 읽으면서 머릿속으로 그렸던 이미지를 실제 체험으로 바꾸면 단어를 이미지로 변환할 수 있는 폭도 더욱 더 넓어질 것이다. 그리고 문장에 대한 이해력이 높아진다.

직접 만나는 '도전Attack 독서술'

저자를 직접 만나서 이야기를 들어보는 것도 좋은 방법이다. 저자가 전달하려는 의도와 생각을 알 수 있고, 책을 제대로 이해했는지도 직접 확인할 수 있기 때문이다. 하지만 반드시 일대일로 만날 필요는 없고, 저자가 세미나와 공부 모임 등에서 강연할 때 이야기를 들으러 가는 것으로도 충분하다.

저자는 독자에게 자신의 의도가 정확하게 전달되도록 아주 정성스럽게 책을 쓴다. 그러나 책은 쪽 수에 제한이 있으므로 저자가 무의식적으로 전하려는 것을 알아차리기는 어렵다. 저자에게 직접 책에 대한 이야기를 들어보면 저자가 말하려는 바를 제대로 이해했는지, 저자의 의도와 다르게 이해한 것은 없는지, 저자가 무의식적으로 이야기하려던 것은 없는지를 확인할 수 있고 더 깊게 이해할 수 있다.

현실에 적용하는 '매뉴얼Manual 독서술'

4장에서 설명한 것처럼 책을 읽고 자기 나름의 언어로 표현해서 쓸 수 있고, 주변 환경에 맞춰서 쓰는 것이 가능하다면 써 내려간 이미지 그대로 곧바로 실행에 옮겨도 괜찮다. 만일 아무것도 생각나지 않았다면 책에 있는 내용대로 시도해보라.

예를 들어, 책에 목표 설정에 대한 내용 중 '하나로 엮는 것이 중요하다'라는 문장을 보았다. 이 문장을 보고 개인적으로 '여러 개의 프로젝트 안건이 섞여 있으므로 프로젝트마다 하나의 목표를 설정해도 좋지 않을까'라는 생각이 들었다.

그 생각에 따라 목표를 설정했지만 처음 생각했던 이미지와 다른 느낌이었다. 그래서 결국 책에서 이야기하는 대로 진짜로 하나로 엮기로 했다. 그렇게 했더니 처음 책을 읽었을 때 이미지로 그릴 수 없었던 것을 경험을 통해서 눈앞에 이미지로 만들 수 있었다. 이렇게 차이를 직접 체험하면 제대로 이해할 수 있게 된다. 각각 실천을 통해 얻은 결과의 차이를 새로운 경험으로 쌓게 되는 것이다.

또 이 경험 이후 '여러 개의 프로젝트를 진행할 때는 어떻게 하면 좋은지 나와 있나?'를 확인해보았다. 그때까지 이해하지 못했던 포인트를 찾는 시각으로 책을 읽자 더 효과적이고 깊이 있게 이해하게 되었다. 만약 해당하는 내용이 없는 경우에는 다른 책을 찾아보면서 답을 찾는다. 다음에 설명하겠지만 이 방법은 꼭 시도해보길 바란다.

분야를 한정하지 않고 '책×환경×경험'을 실행한다

책에 있는 내용을 행동으로 옮기려면 필연적으로 주변 환경을 바꿔야 하고, 실제 경험을 차곡차곡 쌓아두어야 한다. 그리고 '책×환경×경험'의 곱셈 공식 요소에 해당하는 정보가 더 많고 더 복잡하게 조합되면 예전에는 생각나지 않았던 지혜를 만들어낼 수 있다.

나는 속독을 배울 때 돈과 관련된 책을 많이 읽었다. 배운 내용을 실제 행동으로 옮겼지만, 그것만으로는 좀처럼 결과가 나오지 않아 지지부진한 시기가 계속되었다. 당시 나는 직장인이었고 농업 분야 시스템을 구축하는 일을 하고 있었기 때문에 자주 농가를 방문했다. 돈과 트레이딩(주식, 환율 등 모든 투자 거래를 지칭)만을 생각했던 것은 아니었지만, 농가에서 평소에 하는 이야기를 듣고 문득 농업 환경과 트레이딩 환경의 공통점이 보였다.

실제로 행동하는 독서술

현장에 가보는 '탐색 독서술'
책을 읽을 때 마음속으로 그렸던 이미지를 실제로 체감하면서 바꾼다. 단어에서 이미지로 변환할 수 있는 폭이 넓어진다.

만나러 가는 '도전 독서술'
저자의 이야기를 직접 들음으로써 자신이 이해하고 있는 것과 차이가 있는지 파악할 수 있다. 저자가 무의식적으로 이야기하고 있는 것은 없는지 확인하면서 더 깊이 이해할 수 있다.

현실에 적용하는 '매뉴얼 독서술'
책에서 이미지를 그릴 수 없어도 책에 나온 대로 실행하면 자신이 이해했던 것과의 차이를 알 수 있다. 그 경험이 성장으로 연결된다.

책에서 읽은 내용을 실제로 실천하는 것은 물론이고,
책의 무대가 된 곳을 가보거나
저자를 직접 만남으로써 더 깊게 이해할 수 있다.

두 분야 모두 열심히 노력한다고 해서 직접적으로 결과에 반드시 반영된다고 확신할 수 없는 세계다. 시간 관점에서 보았을 때 압도적으로 차지하는 작업이 '둘러보는 것'이라는 점도 같다. 농업 환경과 트레이딩 환경 모두 공통적으로 차트를 체크한다.

농업 작업을 예로 들어보자. 농업은 작물을 계속 보는 것이 아니라, 어느 정도 성장하면 이후는 작물의 생명력에 맡긴다. 마찬가지로 트레이딩은 환율의 움직임을 계속 보다가 자신이 보유하고 있는 포지션의 손익에 영향이 없는지를 살펴본다. 이런 점이 비슷하다는 것을 깨닫고 실제로 착수해 보니 열심히 할 때와 힘을 빼고 완급을 조절할 때 각각에 맞는 기술이 있다는 것을 알게 되었다. 그때까지 '차트를 체크할 시간이 없기 때문에 결과가 나오지 않는다'고 괴로워했던 것이 한순간에 사라졌다.

여기서는 어디까지나 책에 관련된 범위의 조합을 설명하고 있지만 '책×환경×경험'에서 분야를 가리지 않고 환경과 경험 요소에 책을 곱하면 새로운 발상이 쉽게 떠오를 수 있다. 그러한 의미에서 책에 있는 내용을 실천하는 경험도 필요하다. 일상생활에서 주변 환경과 과거 경험에 비춰보면서 조합하면 자기계발의 계기를 마련할 수 있다.

비슷한 주제의 책을
비교하며 읽는다

　　책을 읽고 다양한 행동을 함으로써 '책×환경×경험'의 곱셈 공식에서 각각의 요소를 높일 수가 있다. 실제로 행동으로 옮겨도 무리해서 그 장소에서 결론을 낼 필요가 전혀 없다. 왜냐하면 책에 설명되어 있는 방법이 자신에게는 이미지를 그리기 어려운 것일 수도 있기 때문이다.

　　예를 들어, '어젠다^{Agenda}'라는 단어를 보자. 이 말을 자주 사용하는 직장에서 일하고 있는 사람이라면 이미지를 그리기 쉬울 것이다. 하지만 그렇지 않은 사람은 이미지를 그리

기 어려울 것이다. 한편 다른 책에서는 '의제', '말하는 내용'
이라고 표현했다면 이미지를 그리기가 훨씬 쉬울 것이다.
전자의 경우라면 때마침 고른 책이 자신과 맞지 않는다는
결론에 이른다.

결국 한 권의 책만 읽고 끝내지 말고 비슷한 종류의 다른
책을 보면서 문제를 해결하려고 노력해야 한다. 그렇게 하
기 위해서는 제4장에서 했던 방식으로 비슷한 종류의 책에
서 문장을 다시 찾아보면서 이해력을 높일 수 있다. 이미 읽
고 있는 내용과 관련된 책이기 때문에 공통된 내용을 반복
학습할 수 있고, 지식을 제대로 쌓을 수 있다. '이미 알고 있
는 부분'이 있기 때문에 빨리 읽을 수도 있다.
　많은 시간을 들이지 않고 할 수 있는 일이어서 행동으로
쉽게 옮길 수 있다.

비슷한 주제의 책을 찾아 읽는다

기대할 수 있는 효과는 또 있다. 이미 한 권의 책을 읽은 후

비슷한 종류의 책을 읽으면 같은 내용이 있더라도 사용하는 단어나 문장, 표현 방법이 다를 수 있다. 그리고 첫 책을 읽었을 때 알아차리지 못했던 부분을 발견할 수도 있다.

경영 매니지먼트계의 책 중에서 《더 골(만화판)》이 있다. 나는 솔직히 경영 매니지먼트 종류의 책에는 별로 흥미가 없었다. 그러나 서점에 책을 보러 갈 때 함께 갔던 사람이 "그 책은 베스트셀러가 되었던 책의 만화판이다"라고 말했다. 당시 나는 '어떤 책이기에 잘 팔리는지' 흥미가 생겨서 그 책을 구입했다. 그리고 실제로 읽어보니 상상 이상으로 재미있고 흥미로웠다. 그래서 비슷한 종류의 책을 읽어보기 위해 조사해보았다.

같은 저자인 엘리 골드렛 박사^{Eliyahu M. Goldratt}의 《골드렛 박사의 비용에 휘둘리지 마라^{ゴールドラット博士のコストに縛られるな!}》를 발견해서 읽기 시작했다. 이 책의 전반부에는 《더 골(만화판)》과 같은 내용이 있었고, 내용과 관련된 예제가 출제되어 있었다. 직접 예제를 풀려고 했는데 '아니, 이것은 어떻게 해결해야 하지?'라는 생각이 들었다. 이해했다고 생각했는데 실전에서 사용할 수 있는 수준에는 이르지 못했던 것이다.

또 예제를 풀다 보니 제시된 숫자 데이터는 어디까지나 모든 것이 맞다는 것을 전제로 하지만 현장에서의 숫자는 속임수가 있다고 생각하는 것이 무난하다고 했다. 실제 현장에서 적용했을 때 주의할 점도 제시되어 있었다. 결국 같은 이야기라고 해도 소설(내가 읽은 것은 만화판이지만)식 표현으로 읽는 것과 문제 형식 표현으로 읽는 것은 받아들이는 이미지가 다르기 때문에 전달되는 느낌도 다르다.

두 권을 비교하며 사고의 폭을 넓힌다

또 동일한 내용이라고 하더라도 쓰는 사람의 입장에 따라 공부해야 할 포인트가 달라지기도 한다. 《터틀의 방식》은 터틀Turtle이라는 투자클럽에 있던 저자가 트레이딩 기법에 대한 모든 것을 밝힌다는 취지에서 이 책을 썼다. 그리고 또 한 권 《트레이딩 바이블》은 종합적인 투자 기법에 대해 쓰고 있다.

두 책 모두 투자 기법에 대해 쓴 것이지만 《터틀의 방식》

은 실제로 현장에서 활동하는 저자가 쓴 것이다. 그리고《트레이딩 바이블》은 전문적으로 투자 교육을 하는 저자가 쓴 것이다.

《터틀의 방식》은 저자가 자신의 체험에 따라 기법을 이야기하듯이 설명하는데, 투자 마인드를 잘 기억하도록 썼다. 그에 비해서《트레이딩 바이블》은 저자가 평소 초보자들을 가르치듯이 무엇을 어떻게 하면 좋은지 알 수 있도록 썼다. 즉 트레이딩 테크닉을 잘 기억할 수 있도록 표현했다.

이처럼 같은 내용을 설명하고 있지만 저자의 시점 차이로 인해 표현 방법에 차이가 생긴다. 결국 문장을 이해할 때도 차이가 생긴다.

물론 같은 종류라고 해도 전혀 다른 책을 읽는 것이므로 다른 책에는 실려 있지 않은 새로운 정보, 전혀 다른 의견이나 논조를 발견할 수도 있다. 그런 식으로 많은 것을 알아가면 지식이나 사고방식의 폭이 넓어지고 개인적인 성장을 이루는 행동 이미지를 파악할 수 있다.

새로운 시점을 찾는다는 의미에서 이미 알고 있다고 생각

하는 분야의 책들을 읽는 것도 독서의 가치를 높인다는 면
에서 매우 효과적이다.

제6장

책을
빨리 읽었을
뿐인데
인생이
바뀌었다

독서에 익숙해지면 세상을 보는 시야가 넓어진다

책을 빨리 읽으면 업무적인 면과 개인적인 생활 면에서 어
떤 효과가 있을까? 지금까지 내가 지도해온 학생들의 사례
를 소개하려고 한다.

30대 엔니지어가 내 속독 교실을 찾아왔다. 과거에 내가
그랬던 것처럼 그는 매일매일 일이 바빠서 책 읽을 시간이
부족했고, 게다가 글자를 싫어해서 책을 전혀 읽지 않았다.

속독에 흥미는 있었지만 좀처럼 신뢰할 수 있는 강사를 발견하지 못해 배우지 못했다. 그때 마침 친구들의 추천으로 나를 알게 되었고, 속독을 배우기 시작했다.

빨리 읽는 습관을 들인 결과 그는 매일 책을 읽는 생활을 하기 시작했다. 그가 실제로 빠르게 읽는 것을 반복하다 보니 무엇보다도 한 권을 다 읽을 수 있다는 만족감이 커졌다고 한다. 그리고 '내용을 기억하고 있다' 또는 '기억하지 못한다'와 관계없이 '먼저 읽어보자'라고 생각하게 되었다고 한다. 그렇게 지금까지 읽지 않았던 책을 서점에서 눈으로라도 보는 일이 늘어났다. 그는 책을 대할 때마다 '무조건 읽어보자'라고 생각하고, 생각하는 방법에 대한 폭이 넓어지는 큰 변화를 경험했다고 한다.

이처럼 책을 빨리 읽으면서 독서에 대한 스트레스가 없어졌다고 말하는 수강생이 매우 많다.

한 대기업 임원도 전에는 어려워 보이는 책이나 두꺼운 책을 보면 읽을 마음이 없었는데 이제는 '무조건 읽어보자'라는 마음으로 바뀌었다고 말했다. 꽤 풍부하고 폭넓은 지식을 가지고 있는 사람이었기에 솔직히 나에게 배울 것이 없을 것 같았다. 그러나 그런 사람도 책을 읽는 것에 대한 스트레스를 받는다는 것을 알게 되었다. 그리고 그때 단순히 지식이 많다고 해서 책을 잘 읽을 수 있는 것이 아니라 '책×환경×경험' 곱셈 공식의 결과를 더 높게 만들어야 한다는 것을 깨달았다.

시험에 합격하기 위해 속독을 배우기 시작했던 사람은 빨리 읽는 습관을 들여서 결과적으로는 매우 높은 점수로 시험에 합격했다고 한다. "속독 습관을 갖지 못했다면 아마도 평생 책을 읽지 않았을 것이다. 속독을 배운 후 지혜를 만들어낼 수 있는 기초적인 능력을 기르게 되었다." 이 노하우는 시험이 끝난 후에도 평생 활용할 수 있는 것이다.

이러한 감상을 말하는 사람들은 공통적으로 책을 빨리 읽으면서 무엇인가를 기억하려고 하거나 지식을 늘리려고 하지 않고 자신의 지혜를 높이는 것에 가치를 두었다고 말했다. 분명 많은 책을 빠르게 읽고 지식의 양을 늘리는 것도 중요하다. 그러나 아무리 지식을 쌓아도 그것을 지혜로 바꾸지 않으면 타인의 지식을 배웠다는 자기 만족감을 얻는

것으로 끝나버린다. 자기 만족감만 남게 된다면 아마 책을
읽는 습관은 시기의 차이만 있을 뿐 결국 사라질 것이다.

책에서 얻은 지식을 지혜로 바꾸고, '책×환경×경험'의
요소를 높여간다면 읽고 싶은 책을 발견하려는 의욕도 생기
고 시야가 넓어지며 새로운 경험을 쌓을 수 있다. 넓은 세상
이 보인다면 책을 더 많이 읽기 위해 적극적으로 노력할 것
이다.

업무 효율이 올라 결국 연봉 인상까지

독립한 뒤 창업을 하면서 공부할 것이 많아져서 책을 읽어
야 한다고 생각하는 여성이 있었다. 창업한 지 얼마 안 되어
서 일도 많고 매우 바쁜 상황이었기 때문에 책을 읽을 시간
이 없었다. 그래도 아주 짧은 시간이라도 책을 읽고 싶어서
찾아왔다고 말했다.

그녀는 평소에 책을 읽지 않았던 사람이었는데, "그렇게
빨리 읽으면 전혀 기억을 못 할 텐데 괜찮은가요?"라고 물었
다. 그녀는 속독에 대해 불안감을 갖고 있었지만 빨리 읽는

습관을 기르기 위해 노력했다. 그리고 서점에 갔을 때 관심 있는 분야의 책을 보았고, 어느 순간 정신을 차리고 보니 그 책을 전부 다 읽고 있었다. 그 사실을 알고 자신도 놀랐다는 경험을 이야기해주었다. 물론 관심 있는 분야의 책이었기 때문에 다 읽었을 수 있다. 그러나 그런 이유보다는 빨리 읽는 습관이 생기면서 집중력이 떨어지기 전에 책을 빠르게 읽는 식으로 순환을 잘했기 때문이었을 것이다.

집중력이 높아지는 것은 빨리 읽는 것과는 관계가 없고, 독서 그 자체의 요인이 클지 모른다. 책을 다 읽는다는 것 그 자체는 고도의 집중력이 필요한 작업이다. 과거의 나처럼 집중력이 약한 사람은 집중력이 떨어지기 전에 빨리 읽는 습관을 들여서 서서히 책 읽기에 익숙해지도록 하는 것이 중요하다. 그러다 보면 자연스럽게 집중력도 높일 수 있다. 따라서 속독은 집중력을 높이는 데 매우 효과적이라고 할 수 있다.

20대 직장인도 빨리 읽는 습관을 지속하다 보니 집중력이 좋아졌다고 말했다. 속독을 일과 관련된 공부를 할 때만

이 아니라 조사 작업과 자료를 확인하는 일 등에 활용하면서 업무 능력이 한 단계 올라갔다고 한다. 그렇게 효과적으로 일해서 만들어낸 자투리 시간을 활용해 자기계발에 힘썼고, 결과적으로 이직을 해서 연봉이 두 배가 되었다고 했다.

승진이나 창업, 경영, 이직이라는 흐름 속에서 연봉을 올렸다는 사람이 많다. 활용 방법은 일의 내용에 따라 다르겠지만 속독은 집중력을 단련하면서 업무 수준을 끌어올리는 것을 가능하게 하여 좋은 결과를 가져온다.

또 일의 흐름을 빠르게 읽을 수 있다고 말하는 수강생도 있었다. 컨설턴트 일을 하는 사람이었는데, 고객 업무의 흐름을 파악할 때 아직 지시받지 않은 업무라도 어떤 흐름인지 보였고, 어디에 문제가 있는지 알 수 있었다고 했다. 또 속독을 하면서 예측할 수 있는 상황이 늘었다고 했다. 그는 어느 정도 예측된 상태에서 일을 진행했고, 예측에 기초해서 작업 준비를 30~50% 정도 할 수 있었기 때문에 정신적으로 여유를 갖고 일을 할 수 있었다.

작업 지시를 받는 단계에서는 이미 준비해둔 상태이므로 결과적으로 일을 빨리 하는 사람이 되었다. 왜냐하면 그는

속독을 통해 '하나라도 많이 생각해서 정보를 끌어내야지'
라는 생각으로 책을 읽었고, 그러면서도 전체적인 개요를
파악했다. 이런 습관이 그가 일을 잘하게 된 가장 큰 요인일
것이다.

전체를 파악하려고 의식하면서 반복해서 빠르게 읽었고,
개요를 보는 능력이 길러지자 좋은 파급 효과를 얻을 수 있
었다. 이 파급 효과를 '범화(汎化, 어떤 특정한 자극에 대한 반응이
형성된 뒤에 그 자극과 다소 다른 자극을 주어도 동일한 반응이 나타나는
것)'라고 불리는 뇌의 특징으로 설명할 수 있다. 범화에 대해
서는 다음 사례에서 좀 더 자세하게 설명할 것이다.

어쨌든 지금 시간을 조금 선행 투자한다는 마음으로 빨리
읽는 습관을 들인다면 가까운 장래의 시간을 절약할 수 있
다. 만일 그 시간을 더 효과적으로 활용할 수 있다면, 이보다
더 가성비(Cost performance, 프로젝트 따위에 소비된 비용에 대한
효율의 측정 지수) 좋은 투자는 없을 것이다.

시간을 효율적으로 활용하여 여유 있는 인생을 산다

30대 직장인은 평소 자투리 시간을 잘 활용하지 못했다고 한다. 그러나 빨리 읽는 것이 습관이 되고, 속도감에 대한 의식이 바뀌자 자투리 시간을 효과적으로 사용할 수 있게 되었다. 자투리 시간은 긴 시간이 아니기 때문에 집중력을 오래 유지해야 한다는 부담이 적어서, 효율적으로 책을 읽을 수 있었다고 한다.

또 원래 속독에 관심이 있었지만 하고 싶은 일 가운데 우선순위에 두지 못했던 50대 남성이 있었다. 그는 속독을 잘하는 것보다 속독을 잘 활용하는 것에 중점을 두고 있는 나의 생각에 공감했고 지도를 받기 시작했다.

이 남성은 자격증 시험에 합격하겠다는 등의 명확한 목적이 있지는 않았지만 '자신을 바꾸고 싶다'는 자기계발에 대한 강한 의지가 있었다. 그는 빨리 읽는 습관을 기르기 시작했고, 조금 하다 보니 시간적인 여유가 생겼다는 것을 알아차렸다. 일을 빨리 끝내고 가족과 보내는 시간이 늘었고, 정신적으로도 여유가 생기는 선순환을 만들었다고 한다.

두 사람은 공통적으로 시간에 대한 감각이 많이 변했다고 했다. 빨리 읽는 습관이 생기면 시간에 대한 감각이 예리해진다. 뇌에는 앞에서 말한 범화라는 특징이 있기 때문이다. 범화는 '어떤 능력이 커지면 그것에 관련된 다른 능력도 커진다'는 특징을 갖고 있다. 이 사례로 보면 빨리 읽으려는 의식을 가질 때 자연스럽게 시간에 대한 의식이 달라진다.

그리고 '더 빨리'라고 생각하면 시간에 더 엄격해진다. 이것은 독서라는 한정된 범위에만 적용되는 것이 아니라 시간 활용으로까지 확대된다. 자투리 시간을 효과적으로 활용할 수 있는 것은 엄밀히 말하면 자투리 시간을 인식할 수 있기 때문이다. 그래서 효과적으로 활용하는 것이 가능한 것이다.

견해를 바꾸면 시간에 여유를 느낄 수가 있다. '시간에 여유가 있다'고 생각하면 정신적인 여유도 생긴다.

스포츠 세계에서는 평정심을 유지하며 경기에 임하는 것이 중요하다고 한다. 이는 비즈니스 세계에서도 마찬가지다. 과도한 긴장감이나 초조함을 느끼지 않고 정신적으로 여유를 가지면서 일을 하면 더 좋은 성과를 낼 수 있다. 그리고 그 '범화'를 일으키는 시작점은 '빨리 읽는 것'이다. 속독은

책을 많이 읽고 반복학습을 해서 정확도를 높이는 기본이
되기 때문에 지식 면에서도 정신적인 여유를 가져오는 환경
을 만들 수 있다.

나의 지도를 받은 후 '나 자신에게 자신감을 갖게 되었다'
라고 말하는 사람도 많다. 빨리 읽는 습관을 유지하면 책을
다 읽었다는 성취감을 느낄 수 있다. 책에 있는 내용도 잘
기억한다. 실제로 '빨리 읽었음에도 많이 기억하고 있다'라
고 느끼면 자신의 가능성을 인식하고 자신감을 갖게 되는
심리적인 변화가 일어나게 된다. 이러한 변화도 여유를 갖
게 만드는 효과로 연결되는 것이다.

어려운 시험을 통과했고, 원하던 일을 하게 되었다

속독에 흥미를 갖는 사람 중 대부분은 시험 대비라는 명확
한 목적이 있다. 시험을 준비할 때 속독을 많이 활용할 수
있기 때문이다. 예전에 시험 대비 학원에서 속독 커리큘럼
을 필수 과목으로 2년 정도 시범적으로 도입한 적이 있다.

결과적으로 도입 전보다 합격자가 늘었고, 난이도가 높은 시험에도 2년 연속 합격자를 배출하는 등 큰 변화가 있었다.

'속독'이 어떤 기여를 했는지 물어보자, "시험 보는 동안 시간을 잘 사용할 수 있었다"고 말했다. 물론 반복학습에 의한 기억력과 집중력 향상도 크게 기여했지만, 적어도 시험 시간에 제시문을 읽으면서 다시 고칠 시간을 만들어낸 것이 다른 수험생과 비교했을 때 큰 이점이었다고 한다.

제시문을 빨리 읽는 능력이 중요하다고 생각해서 대학 시험을 앞둔 학생들이 우리 속독 교실에 왔다. 그리고 속독하는 습관을 들이기를 반복했는데 속독을 시작하기 전까지는 제1지망의 명문국립대 합격 가능성이 20%였는데, 반년 정도 속독 연습을 했더니 합격 가능성이 80%로 올랐다.

'대학시험을 보는 수험생은 어리니까'라고 생각할 수도 있다. 그러나 자녀를 키우는 주부도 육아를 하면서 속독을 공부했는데 합격률 10%대의 어려운 국가시험에 합격했다. 또 바쁜 업무 속에서 잘 쉬지도 못하고 공부 시간을 확보하기 어려운 사람도 속독을 활용해 난이도 높은 국가시험에 합격했다.

결국 나이나 자신이 처한 환경은 속독 습관을 통해서 얻을 수 있는 효과와 관련이 없다. 이 사례들이 누구라도 속독을 하면 기대 이상의 효과를 얻을 수 있다는 것을 보여주고 있다.

빨리 읽는 습관을 들이면 자신이 하고 싶은 것을 할 수 있는 환경을 만들 수 있고, 자신이 바라는 인생을 즐길 수 있다. 반드시 시험 대비라는 명확한 목적이 아니더라도 좋은 환경을 만들 수 있다.

5년 전 한 직장인이 우리 속독 교실을 방문했다. 그는 1년 정도 빨리 읽는 습관을 들이려고 했지만 "속독을 하기 전보다 도움이 되긴 하지만 그렇게 변화가 느껴지지 않는다"고 말했다. 그리고 제대로 공부를 더 해보지도 않고 우리 속독 교실을 떠났다.

그리고 2년 후 다시 돌아온 그는 "가고 싶어 하던 좋은 부서로 옮기게 되었다"라고 말했다. 속독에 대한 효과를 느낄 수 없다고 생각하면서도 빨리 읽는 습관을 들이려고 계속 노력했다고 한다. 그 당시에는 알아차리지 못했지만 확실하게 효과가 있었고, 일부러 소식을 전하러 왔다고 했다.

이런 경우가 여러 번 있었는데 '책×환경×경험' 가운데 '환경'과 '경험' 부분을 높이려면 요소별로 시간이 필요하다. 실제 속독으로 효과를 보기까지 타임래그(Time lag, 경제 활동에 어떤 자극이 주어졌을 때 이에 대한 반응이 나타나기까지의 시간적 지체)가 생긴다.

그러나 계속해서 빨리 읽는 것을 습관화하면 서서히 '환경'과 '경험' 부분을 높일 수 있는 시간이 생긴다. '책×환경×경험'의 가치가 높아지면 최종적으로 자신이 이상적으로 생각하는 분야에서 활동할 수 있다. 실제 행동은 책을 빨리 읽는 것뿐이지만, 읽는 방법을 올바르게 실천하면 시야가 넓어지고 새로운 지혜를 만들어낼 수 있다. 더 나아가 '해보고 싶다'는 적극적인 감정이 생겨나서 행동하는 능력도 키울 수 있다.

매주 일요일 밤에 1시간 독서를 하고, 다음 날 한 번 더 읽는 방법이 있다. 이런 습관을 들이기만 하면 1년에 50권 이상의 책을 3번씩 읽을 수 있다. 그만큼의 책을 읽는 것만으로도 지식 차원에서는 충분한 양을 머릿속에 넣을 수 있다.

게다가 '책×환경×경험'의 결과를 높이면 어떤 분야에서든 일정 수준 이상의 결과를 만들어낼 수 있다. 물론 지식 수준이 높든 낮든 자신에게 맞는 책이 있기 때문에 누구라도 언제든지 바로 책을 읽을 수 있고, 누구든지 언제나 시작할 수 있다.

읽을 책은 늘 존재하고 읽는 기술도 이미 갖추고 있다면 나중에는 '3X 독서법'을 실천하겠다고 결단하면 된다. '일주일에 한 번, 1시간 만이라도 빨리 읽는 습관을 들이자'고 결정한다면 인생은 분명 더 좋은 방향으로 나아갈 것이다. 이것만큼 비용 대비 효과가 높은 투자는 없다.

당신의 풍요로운 인생을 위해

과거 내가 속독 교실을 다닐 때 선생님이 자주 이야기했던
말이 있다.

아무리 문장을 읽었다고 해도 그것을 사회에 환원하지
않으면 아무 의미도 없다.

당시 속독 교실에서는 대회에서 상을 타는 것을 목적으로
속독 트레이닝을 하는 수강생이 많았다. 실제로 대회 성적
우수자들을 보면 내가 다니던 속독 교실의 수강생이 여러

명 포함되어 있었다.

빨리 읽는 것을 목적으로 두뇌를 숙달시키는 것에만 집중하는 사람들이 있다. 그러면 책도 읽지 않고 일에도 활용하지 못하고 독서 속도만 추구하는 상태에 빠지게 된다.

다행히도 나는 과제 도서를 다 읽는 것을 목적으로 했기 때문에 독서 속도만을 추구하지 않았다. 그렇기 때문에 속독 대회에 나가는 것은 전혀 생각하지도 않았고, 빨리 과제 도서를 다 읽고 돈을 벌고 싶다는 생각만을 가지고 열심히 했다. 그리고 몸으로 익혔던 빨리 읽는 능력을 활용해서 열심히 기술을 갈고 닦았고, 나 자신을 성장시키는 것이 무엇인지에 대해 자연스럽게 생각하게 되었다.

나는 이번에 처음으로 속독이 아니라 독서에 주안점을 둔 책을 썼다. 책은 모든 선배가 남겨준 지혜인데, 빨리 읽는 기술을 더 많은 사람이 최대한으로 활용해야 한다고 생각했기 때문이다. 인터넷에서 지식을 축적할 수 있는 지금, 나는 책의 역할은 지식을 조사하는 것에서 더 좋은 인생을 위해 지혜를 만들기 위한 도구로 바뀌었다고 생각한다. 책이라곤 전혀 읽지 않고 인터넷만 보던 내가 지금은 오히려 인터넷보다 책을 읽는 시간이 더 길어졌다. 이로써 책이 지혜를 만들어내는 도구라는 것을 깊이 실감하고 있다.

이 책에서 소개하는 독서법을 실천함으로써 인생을 더 풍요롭게 만드는 지혜를 하나 더 얻고, 그것을 사회에 환원한다면 그보다 기쁜 일은 없을 것이다. 부족한 글이지만 담당 편집자의 다케이 고이치로武井康一郎, 출판 코디네이터인 고야마 무쓰오小山睦男씨에게 깊은 감사를 드린다. 두 사람은 바쁜 가운데 삿포로까지 달려와 주었고 질타와 격려를 해준 덕분에 이 책을 완성할 수 있었다. 진심으로 감사를 전한다.

또 나에게 처음 속독을 가르쳐준 선생님을 비롯해서 내가 운영하는 속독 교실 강사진, 국내외의 수험생들, 학원 수료생들 그리고 모든 독자 여러분 등 정말로 많은 사람이 나를 지지해준 덕분에 이렇게 또다시 새로운 책을 출판할 기회를 얻었다. 감사의 말씀을 전함과 동시에 앞으로도 여러분의 실력 향상에 공헌할 수 있다면 큰 기쁨일 것이다.

그리고 약 7년 전 내가 속독 결승전에 출전했을 때 다른 일정이 있었음에도 불구하고 대회장까지 달려와 시상식까지 지켜봐주었고, 그 후에 수강생 1호가 되어준 다케이 유스

케^{竹井佑介} 씨에게 이 자리를 빌려 감사 말씀을 전한다.

마지막으로 그늘에서 항상 나를 지탱해준 가족을 비롯해서 멘토인 아오야마 소이치로^{青山聡一郎}, 핫토리 겐지^{服部遣司} 씨에게 최대한 감사의 마음을 전하고 싶다.

모두 정말 감사합니다.

쓰노다 가즈마사^{角田和将}

에필로그

참고문헌

- 《기억력 학습법》이케가야 유지池谷裕二 저 / 김준균 역 / 지상사
- 《뇌에 맡기는 공부법》이케다 요시히로池田義博 저 / 윤경희 역 / 쌤앤파커스
- 《만약 고교야구 여자 매니저가 피터 드러커를 읽는다면》이와사키 나쓰미岩崎夏海 저 / 김윤경 역 / 동아일보사
- 《더 골(만화판)》엘리 골드렛Eliyahu M. Goldratt 저 / 김해용 역 / 동양북스
- 《성공하는 사람들의 7가지 습관》스티븐 코비Stephen Richards Covey 저 / 김경섭 역 / 김영사
- 《뇌의 선물》다니엘 타맷Daniel Tammet 저 / 윤숙진, 김민경 역 / 홍익출판사
- 《몰입의 즐거움》미하이 칙센트미하이Mihaly Csikszentmihalyi 저/이희재 역 / 해냄
- 《당신도 지금보다 10배 빨리 책을 읽는다》쓰노다 가즈마사角田和將 저 / 이해수 역 / 좋은날들
- 《일본 제국은 왜 실패하였는가?》노나카 이쿠지로野中郁次郎 저 / 박철현 역 / 주영사
- 《나와 조직을 살리는 실패학의 법칙》하타무라 요타로畑村洋太郎 저 / 윤정원 역 / 들녘미디어
- 《데일 카네기 인간관계론》데일 카네기Dale Carnegie 저 / 이문필 역 / 베이

직북스

- 《사장같은 사원 만들기》후쿠시마 분지로^{福島文二郎} 저 / (주)KR2 경영연
구소 역 / 동양북스
- 《공부의 비밀》베네딕트 캐리^{Benedict Carey} 저 / 송정화 역 / 문학동네
- 《워렌 버핏 투자 노트》메리 버핏^{Mary Buffett}, 데이비드 클라크^{David Clark} 저
/ 이은주 역 / 국일증권경제연구소
- 《부자 아빠 가난한 아빠》로버트 기요사키^{Robert T. Kiyosaki} 저 / 안진환 역
/ 민음인
- 《스프린트》제이크 냅^{Jake Knapp}, 존 제라츠키^{John Zertsky}, 브레이든 코위츠
^{Braden Kowitz} 저 / 박우정 역 / 임정욱 감수 / 김영사
- 《거미줄 도로코》아쿠타가와 류노스케^{芥川龍之介} 저 / 정재관 역 / 유페이
퍼
- 《터틀의 방식》커티스 페이스^{Curtis M. Faith} 저 / 이은주 역 / 이레미디어
- 《트레이딩 바이블》고지로 강사^{小次郎講師} 저 / 박명진 역 / 최성민 감수 /
한국경제신문사
- 《「最速で考える力」を東大の現代文で手に入れる》相澤理 저 /
KADOKAWA
- 《ゴールドラット博士のコストに縛られるな!》/ エリヤフ・ゴールド
ラット, 村上惠, 三本木亮 저 / ダイヤモンド社
- 《社会人のための情報解釈力》齋田真一 저 / 産業能率大学出版部
- 《速読の科学》佐々木豊文 저 / 光文社
- 《讀書の技法 誰でも本物の知識が身につく熟讀術・速讀術「超」入門》
佐藤優 저 / 東洋経済新報社
- 《ウォートンスクールの意思決定論》Stephen J. Hoch, Howard C.

Kunreuther 저 / 黒田康史, 大塔達也, 小林陽太郎 역 / 東洋経済新報社

- 《16万人の脳画像を見てきた脳医学者が教える「脳を本気」にさせる究極の勉強法》瀧靖之 저 / 文響社
- 《情報を「お金」に換える シミュレーション思考》塚口直史 저 / 総合法令出版
- 《決断力》羽生善治 저 / KADOKAWA
- 《新版 あなたもいままでの10倍早く本が読める》Paul R. Scheele 저 / 神田昌典 감수 / 井上久美 역 / フォレスト出版
- 《中澤の難関大攻略徹底英語長文読解講義》中澤一 저 / 桐原書店
- 《プレジデント別冊 時間半分成果5倍の勉強法》2010年 7月 1日号 / プレジデント社
- 《プレジデント》2012年 8月 13日号 / プレジデント社
- 《週刊ダイヤモンド》2015年 10月 17日号 / ダイヤモンド社
- 〈速読は実は不可能だと科学が実証〉/《ライフハッカー[日本版]》2016年 2月 19日配信 / https://www.lifehacker.jp/2016/02/160219 speed_reading.html
- 〈香りから生まれる「癒し」と「集中力」〉/ 全日本コーヒー協会 2011年 5月 27日配信 / http://coffee.ajca.or.jp/webmagazine/health/doctor/health69-2

책의 핵심만 쏙쏙 흡수해 바로 써먹는

3X 독서법

초판 발행 | 2021년 9월 21일

지은이 · 쓰노다 가즈마사
옮긴이 · 신은주
발행인 · 이종원
발행처 · (주)도서출판 길벗
출판사 등록일 · 1990년 12월 24일
주소 · 서울시 마포구 월드컵로 10길 56 (서교동)
대표전화 · 02) 332–0931 | **팩스** · 02) 322–0586
홈페이지 · www.gilbut.co.kr | **이메일** · gilbut@gilbut.co.kr

기획 및 책임편집 · 이재인(jlee@gilbut.co.kr) | **영업마케팅** · 정경원, 김도현
웹마케팅 · 김진영, 장세진 | **제작** · 이준호, 손일순, 이진혁 | **영업관리** · 심선숙 | **독자지원** · 송혜란, 윤정아

교정교열 · 정은아 | **디자인** · 森design김희림
CTP 출력 및 인쇄 · 북토리 | **제본** · 신정문화사

ISBN 979–11–6521–648–1 03320
(길벗 도서번호 070406)

정가 : 15,000원

독자의 1초까지 아껴주는 정성 길벗출판사
㈜도서출판 길벗 | IT실용서, IT/일반 수험서, IT전문서, 경제실용서, 취미실용서, 건강실용서, 자녀교육서
더퀘스트 | 인문교양서, 비즈니스서
길벗이지톡 | 어학단행본, 어학수험서
길벗스쿨 | 국어학습서, 수학학습서, 유아학습서, 어학학습서, 어린이교양서, 교과서

카카오 1분 · 1boon.kakao.com/gilbut
네이버포스트 · post.naver.com/gilbutzigy
유튜브 · www.youtube.com/ilovegilbut
페이스북 · facebook.com/gilbutzigy
트위터 · www.twitter.com/gilbutzigy